AF717331

Deutsch B2 Prüfung - Vorbereitungsbuch

Übungen mit Hörtexten, Beispielen und Lösungen

Waldemar Erdmann

25. November 2022

Herausgeber

Plakos GmbH
Vertretungsberechtigter Geschäftsführer: Waldemar Erdmann
Sitz: Willy-Brandt-Allee 31 B, 23554 Lübeck

Website und Kontakt

www.plakos-akademie.de
E-Mail: support@plakos.de

Facebook: plakosDE
YouTube: Plakos Akademie
Instagram: plakos_akademie
TikTok: plakos_akademie

Bild- und Druckhinweise:

Buch-Cover: AdobeStock 251882240
Sonstige Abbildungen im Buch wurden von Plakos erstellt.

Dieses Buch wurde auf Recyclingpapier sowie klimaneutral gedruckt.

ISBN: 978-3-985257-41-6

Danksagung

Unser Dank gilt vor allem den Bewerberinnen und Bewerbern, die mit ihren zahlreichen Zuschriften, Erfahrungsberichten und Verbesserungsvorschlägen dieses Buch erst möglich gemacht haben. Vielen Dank für eure Kommentare und Nachrichten auf YouTube und Facebook und anderen Kanälen!

Außerdem bedanken wir uns bei allen internen und externen Mitarbeitern und Mitarbeiterinnen, welche einen wesentlichen Anteil an diesem Buch hatten. Dazu gehören insbesondere Annika Miersen und Anna Krohn.

Einstellungstest erfolgreich bestehen

Die Plakos GmbH hat bereits tausende Bewerberinnen und Bewerber mit Büchern, Online-Kursen und Apps auf Einstellungstests, Prüfungen und Assessment Center vorbereitet. Die angesehenen Online-Tests von Plakos wurden millionenfach absolviert. Dieses Buch dient zur umfassenden Vorbereitung auf die B2 Deutsch Sprachprüfung.

Hinweis: Im Buch findest du lediglich eine Auswahl an Testaufgaben. Zur umfassenden Vorbereitung empfehlen wir dir zusätzlich unseren thematisch passenden Online Testtrainer mit weiteren Aufgaben.

Dein Feedback ist uns wichtig!

Sollten dir Fehler in diesem Buch auffallen oder solltest du unzufrieden mit den Inhalten oder einem unserer Produkte sein, so schreibe uns gerne eine E-Mail an support@plakos.de. Wir antworten schnellstmöglich! Antworten auf häufig gestellte Fragen findest du auch auf der Webseite plakos-akademie/kundenservice/.

Hinweis: Aus Gründen der Lesefreundlichkeit haben wir weitgehend auf Gendering verzichtet. Die gewählte Personenform gilt wertfrei für alle Geschlechter.

Inhaltsverzeichnis

1 **Optimale Vorbereitung auf Abschlussprüfungen und Einstellungstests** 1
- 1.1 **Optimale Vorbereitung auf die Prüfung** 1

2 **Online-Bewerber-Training** 2

3 **Über den Autor** 7

4 **Einleitung** 8

5 **Allgemeine Informationen zum Deutsch-Test B2** 9
- 5.1 Allgemeine Informationen zum Deutsch-Test B2 9

6 **Hörverständnis B2** 12
- 6.1 Test: Der Unfall 14
- 6.2 Lösungen: Der Unfall 16
- 6.3 Test: Interview mit einer Zeitungsbotin 16
- 6.4 Lösungen: Interview mit einer Zeitungsbotin 18
- 6.5 Test: Interview mit einer Existenzgründerin 18
- 6.6 Lösungen: Interview mit einer Existenzgründerin 20

7 **Leseverständnis B2** 21
- 7.1 Test: Tagebucheintrag 22
- 7.2 Lösungen: Tagebucheintrag 25
- 7.3 Test: So gut ist fermentiertes Gemüse für die Gesundheit 25
- 7.4 Lösungen: So gut ist fermentiertes Gemüse für die Gesundheit 27
- 7.5 Test: Traumurlaub auf der Nordseeinsel Amrum 28
- 7.6 Lösungen: Traumurlaub auf der Nordseeinsel Amrum 30

8 **Sprachbausteine B2** 31
- 8.1 Grammatik 32
  - 8.1.1 Was bedeutet "Grammatik"? 32
  - 8.1.2 Die Geschichte der deutschen Grammatik 32
  - 8.1.3 Wozu ist die deutsche Grammatik gut? 32
  - 8.1.4 Grundlagen der Grammatik 33
  - 8.1.5 Tipps zum Lernen der deutschen Grammatik 34
  - 8.1.6 Test: Deutsche Rechtschreibung 35
  - 8.1.7 Lösungen: Deutsche Rechtschreibung 41

8.1.8 Test: Sprachverständnis Deutsche Rechtschreibung . . . 42
8.1.9 Lösungen: Sprachverständnis Deutsche Rechtschreibung . . . 48
8.1.10 Test: Getrennt- und Zusammenschreibung . . . 49
8.1.11 Test: Getrennt- und Zusammenschreibung . . . 52
8.1.12 Lösungen: Getrennt- und Zusammenschreibung . . . 54
8.1.13 Test: Groß- und Kleinschreibung 1 . . . 54
8.1.14 Lösungen: Groß- und Kleinschreibung 1 . . . 57
8.1.15 Test: Groß- und Kleinschreibung 2 . . . 57
8.1.16 Lösungen: Groß- und Kleinschreibung 2 . . . 60
8.1.17 Test: Groß- und Kleinschreibung 3 . . . 61
8.1.18 Lösungen: Groß- und Kleinschreibung 3 . . . 66
8.1.19 Test: Mehrzahl . . . 66
8.1.20 Lösungen: Mehrzahl . . . 71
8.1.21 Test: Buchstaben ergänzen . . . 72
8.1.22 Test: Zeitungsbericht verstehen . . . 77
8.1.23 Lösungen: Zeitungsbericht verstehen . . . 82
8.1.24 Test: Pronomen . . . 82
8.1.25 Lösungen: Pronomen . . . 88
8.1.26 Test: Fremdwörter/Schwierige Wörter 1 . . . 89
8.1.27 Lösungen: Fremdwörter/Schwierige Wörter 1 . . . 95
8.1.28 Test: Fremdwörter/Schwierige Wörter 2 . . . 96
8.1.29 Lösungen: Fremdwörter/Schwierige Wörter 2 . . . 102
8.1.30 Test: Fremdwörter/Schwierige Wörter 3 . . . 102
8.1.31 Lösungen: Fremdwörter/Schwierige Wörter 3 . . . 109
8.2 Lückentexte . . . 110
8.2.1 Was sind Lückentexte? . . . 110
8.2.2 Lernziele von Lückentexte sind u. a.: . . . 110
8.2.3 Aufbau eines Lückentext-Tests . . . 110
8.2.4 Tipps zum Ausfüllen eines Lückentextes . . . 111
8.2.5 Test: Aggressives Verhalten im Diskurs . . . 112
8.2.6 Test: Bevölkerung . . . 122
8.2.7 Lösungen: Bevölkerung . . . 128
8.2.8 Test: Das lange Warten . . . 129
8.2.9 Lösungen: Das lange Warten . . . 136
8.2.10 Test: Europa . . . 138
8.2.11 Lösungen: Europa . . . 144
8.2.12 Test: Jungen Straftätern eine Chance geben . . . 145
8.2.13 Lösungen: Jungen Straftätern eine Chance geben . . . 151
8.2.14 Test: Wirbelstürme . . . 153
8.2.15 Lösungen: Wirbelstürme . . . 160
8.2.16 Test: Faszination Fußball . . . 162
8.2.17 Lösungen: Faszination Fußball . . . 168
8.3 Diktate . . . 170
8.3.1 Test: Weltraum . . . 171

8.3.2 Lösungen: Weltraum . . . 172
8.3.3 Test: Sterne . . . 173
8.3.4 Lösungen: Sterne . . . 174
8.3.5 Test: Papier . . . 175
8.3.6 Lösungen: Papier . . . 176
8.3.7 Test: Kommunikation . . . 177
8.3.8 Lösungen: Kommunikation . . . 178
8.3.9 Test: Erdbeben . . . 179
8.3.10 Lösungen: Erdbeben . . . 180

9 Schriftlicher Ausdruck B2 **181**
9.1 Wie schreibe ich eine E-Mail . . . 182
9.2 Stellungnahme schreiben . . . 184
9.2.1 Worum geht es bei der Thematik “Stellungnahme schreiben” genau? . 184
9.2.2 Aufbau einer Stellungnahme . . . 184
9.2.3 Eine Stellungnahme korrekt schreiben – Herangehensweise & Tipps . . 186
9.2.4 Beispiel einer Stellungnahme . . . 186

10 Mündlicher Ausdruck b2 **188**
10.1 Mündlicher Ausdruck ohne Stress . . . 188
10.1.1 Wie drücke ich mich mündlich aus? . . . 188
10.1.2 Wie baue ich einen Satz korrekt auf? . . . 189

1 Optimale Vorbereitung auf Abschlussprüfungen und Einstellungstests

Generell unterscheiden sich Prüfungen und Einstellungstests dahingehend, für welches spätere Einsatzgebiet du dich beworben hast oder welche Art der Prüfung du bestehen musst. Die Länge und die Aufgaben lassen sich nicht grundsätzlich verallgemeinern. Trotzdem gibt es oft gewisse Ähnlichkeiten im Aufbau und Ablauf.

Vergleich Einstellungstest vs. Abschlussprüfung: Um Prüfungen oder Einstellungstests erfolgreich zu bestehen, solltest du einige Dinge beachten. Wichtig ist beispielsweise auch das persönliche Auftreten. Es handelt sich beim Einstellungstest, im Gegensatz zu einer Abschlussprüfung, nicht um einen reinen Wissenstest. Um einen guten Eindruck zu hinterlassen, empfiehlt sich daher ein gepflegtes Äußeres. Zudem solltest du dich bei der Vorstellung freundlich und höflich zeigen.

Darüber hinaus unterscheidet sich ein Eignungstest von einer Abschlussprüfung auch in Hinblick auf das Zeitmanagement. Eine Prüfung ist zeitlich darauf ausgelegt, dass alle Fragen beantwortet werden können. Bei einem Eignungstest ist dies nicht notwendigerweise der Fall. Oft ist die Zeit absichtlich zu knapp bemessen. Auf diese Weise sollen das Zeitmanagement und die Stressresistenz überprüft werden. Nicht ohne Grund beobachten in der Regel gleich mehrere Verantwortliche des Unternehmens oder der Behörde den Test bzw. die Prüfung.

1.1 Optimale Vorbereitung auf die Prüfung

Wie bei einer Schulprüfung kannst du dich durchaus auch auf eine B2 Deutsch Sprachprüfung vorbereiten.

Neben den Aufgaben aus der eigentlichen Prüfung sind die sogenannten Soft Skills, wie Kommunikation, Auftreten und die Körpersprache, ebenfalls nicht zu vernachlässigen. Diese spielen bei der Eignung für einen Beruf eine zunehmend wichtige Rolle. All diese Themen lassen sich üben und erlernen. In diesem Buch findest du zahlreiche Übungen, mit denen du dich ganz konkret auf diese spezielle Prüfung vorbereiten kannst. Wichtig ist hierbei, dass du alle relevanten Themen und Aufgaben sorgfältig durcharbeitest. Für eine verbesserte kritische Selbstreflexion der Ergebnisse haben wir Lösungsansätze für die Aufgaben beigefügt.

2 Online-Bewerber-Training

Da du bereits dieses Buch erworben hast, möchten wir dir an dieser Stelle einen **Gutschein für unsere Online-Programme in Höhe von 15 Euro** schenken. Die folgende Kurzanleitung beschreibt dir, wie du den Gutschein einlösen kannst:

1. Öffne den Browser auf deinem Smartphone, Tablet oder deinem Desktopcomputer.
2. Scanne den QR-Code oder gib die nachfolgende URL in die Adresszeile ein:

plakos-akademie.de/produkt/app-testtrainer-vollversion-15/

3. Mit dem Produkt „Testtrainer App" hast du Zugriff auf fünf unserer Kurse: Testtrainer, Allgemeinwissen, Konzentration, Logik und Sprache.
4. Gib den **Gutscheincode buchrabatt15** am Ende des Bestellprozesses ein. Bitte beachte, dass mit dem Gutscheincode in der Testtrainer App nicht alle Plakos-Akademie-Kurse freigeschaltet sind.

Bei Fragen kannst du gerne eine E-Mail an support@plakos.de senden. Antworten auf häufig gestellte Fragen findest du auf der Webseite
plakos-akademie.de/kundenservice/. Eine Übersicht zu allen Lern-Apps von Plakos findest du unter plakos-akademie.de/kundenservice-apps/.

Bestehe deine Prüfung mit der Plakos-Testtrainer-App!

Bestehe deine Prüfung mit der Plakos-Einstellungstest-App! Mit der Plakos-App hebst du deine Vorbereitung auf ein neues Level! du profitierst von Lösungswegen und ausführlichen Erklärungen zu jeder Aufgabe. Am Ende bekommst du eine Auswertung deiner Ergebnisse. Sichere dir jetzt deinen Vorteil gegenüber Anderen! Wähle den gewünschten Bereich aus und melde dich mit deinen Zugangsdaten aus dem Mitgliederbereich der Plakos Akademie an. Es werden dir dann die passenden Übungen für die Prüfung angezeigt.

Plakos-Online-Testtrainer – die optimale Vorbereitung für dich!

Strukturierter Ablauf, Lösungswege und Kernfortschrittsanzeigen

Kurse und Lektionen abgestimmt auf den jeweiligen Beruf

Lern- und Erklärvideos sowie Experten-Tipps

Tausende Prüflinge üben jährlich ganz konkret mit den Plakos-Online-Testtrainings. Sie gehen anschließend mit mehr Selbstbewusstsein und Wissen in ihre Prüfung. Die Online-Testtrainer gibt es in verschiedenen Preiskategorien für zahlreiche Schul- sowie Studienbereiche und Berufe, wie zum Beispiel im öffentlichen Dienst, im Bereich Gesundheit, Pflege und Soziales oder für technische und kaufmännische Berufe.

3 Über den Autor

Waldemar Erdmann ist Geschäftsführer der Plakos GmbH, die seit über einem Jahrzehnt erfolgreich Webseiten für Karriereberatung und Online-Tests betreibt. Er machte seinen Abschluss an der FH Würzburg zum Thema Skills Management Software und hat zahlreiche Bücher und Artikel zum Thema Eignungstests und Auswahlverfahren verfasst.

Außerdem entwickelt Waldemar Apps und Online-Tests, die Bewerber auf verschiedenste Auswahlverfahren vorbereiten. Er lebt mit seiner Familie in der schönen Hansestadt Lübeck.

4 Einleitung

Lernziele: Das wirst du lernen:

- Dein Hörverständnis trainiert haben
- Neue Texte verstehen können
- Dein Leseverständnis trainiert haben
- Die deutsche Grammatik besser verstehen

Medien: Die Medien, die dich dabei unterstützen sind:

- Texte in unterschiedlichen Formaten
- Audiodateien zum Anhören

Tests: Dich erwarten innerhalb der Lektionen folgende Aufgaben und Tests:

- Multiple Choice Tests
- Lückentexte
- Diktate

Gender-Hinweis

Aus Gründen der besseren Lesbarkeit wird bei Personenbezeichnungen und personenbezogenen Hauptwörtern in diesem Buch die männliche Form verwendet. Entsprechende Begriffe gelten im Sinne der Gleichbehandlung grundsätzlich für alle Geschlechter. Die verkürzte Sprachform hat nur redaktionelle Gründe und beinhaltet keine Wertung.

5 Allgemeine Informationen zum Deutsch-Test B2

5.1 Allgemeine Informationen zum Deutsch-Test B2

Du möchtest an einem Deutsch-Test teilnehmen und deine Sprachkenntnisse entsprechend der Kompetenzstufe B2 nachweisen? Dann sind diese nachfolgenden allgemeinen Informationen sowie die Tests, die wir dir in diesem Buch bereitstellen, die optimale Vorbereitung auf deinen Sprachtest.

Allgemeine Informationen zum Deutsch-Sprachtest

Bei dem Sprachtest wirst du auf zwei Wegen geprüft: schriftlich sowie mündlich. Die Prüfungsteile "Hören", "Lesen" sowie "Schreiben" überprüfen deine schriftlichen Sprachkenntnisse, der Prüfungsteil "Sprechen" testet deine mündliche Fähigkeit.

Bestehst du alle Prüfungsteile, erhältst du ein Zertifikat. Dieses Zertifikat bescheinigt deine Sprachkenntnisse und gibt über dein Sprachniveau entsprechend Auskunft.

Bitte beachte: Möchtest du das Niveau B2 nachweisen, musst du auch in allen Prüfungsteilen das Sprachniveau B2 erreichen. Gelangt dir dieses beispielsweise in der mündlichen Prüfung nicht, wird dir am Ende lediglich das Niveau B1 bescheinigt.

Die Sprachkompetenz B2 – im Vergleich zu B1

Grundsätzlich lässt sich sagen, dass du in vier Bereichen getestet wirst: Sprechen, Hören, Lesen und Schreiben. Je nachdem welches Sprachniveau dir am Ende bescheinigt wurde, haben sich deine Ergebnisse bei diesen vier Bereichen in puncto Können von dem jeweils zu erreichenden Ergebnis unterschieden.

Sprachniveau B1:

Erreichst du das Sprachniveau B1 weist du nach, dass du sprachliche Probleme des Alltags selbstständig und flexibel bewältigen kannst. Du kannst demnach ein Gespräch am Laufen halten und im Alltag sagen, was du möchtest bzw. was dir auf dem Herzen liegt.

Inhaltlich reicht dein Wortschatz aus, um dich – wenn auch ein wenig zögerlich und gegebenenfalls mit Hilfe von Umschreibungen – über Themen wie

- Familie,
- Hobbys,
- Interessen,
- Arbeit,
- Reisen sowie
- aktuelle Ereignisse

unterhalten zu können.

Sprachniveau B2

Das Ziel des Erreichen des B2-Niveaus ist es, nachzuweisen, dass du

- Hauptinhalte komplexer Texte verstehst;
- dich spontan und fließend verständigen kannst (ein Gespräch mit Muttersprachlern ist ohne größere Anstrengung gut möglich);
- dich klar und detailliert ausdrücken kannst;
- deinen Standpunkt zu einer Frage erläutern und die Vor- und Nachteile verschiedener Möglichkeiten angeben kannst;
- die deutsche Grammatik gut beherrscht.

Inhaltlich liegen die Schwerpunkte dabei sowohl im Alltagsgeschehen, als auch in fachspezifischen Themenbereichen.

Ablauf der Sprachprüfung

Wie bereits erwähnt, musst du sowohl einen schriftlichen als auch einen mündlichen Prüfungsteil absolvieren. Die schriftliche Prüfung dauert insgesamt etwa 140 Minuten. Dabei entfallen auf den Lesetest (inkl. Sprachbausteine-Test) ca. 90 Minuten, auf den Hörtest ca. 20 Minuten und auf den Schreibtest ca. 30 Minuten.

Die sich unmittelbar nach einer 20 minütigen Vorbereitungszeit anschließende mündliche Prüfung dauert ca. 15 – 25 Minuten.

Häufig gestellte Fragen zum Deutsch-Test für Zuwanderer B2 / FAQ DTZ

Wer genau kann den Deutsch-Test für Zuwanderer machen?

Den Sprachtest kann grundsätzlich Jeder bzw. Jede machen, der bzw. die an einem Integrationskurs teilnimmt und im Zuge dessen am Ende sein bzw. ihr Sprachniveau bescheinigt bekommen möchte. Es ist jedoch auch möglich, an dem Test unabhängig von einem Integrationskurs teilzunehmen.

Wofür benötigst du den Sprachnachweis bzw. das DTZ Zertifikat?

Den Nachweis über dein Sprachniveau benötigst du beispielsweise für eine Einbürgerung oder eine Niederlassungserlaubnis. Ebenfalls ist das Zertifikat bei der Arbeitssuche hilfreich.

Wo findet der DTZ statt?

Der Test wird deutschlandweit an verschiedenen Testzentren durchgeführt. Sofern du an einem Integrationskurs teilnimmst, kann dir deine Sprachkurslehrerin bzw. dein Sprachkurslehrer den genauen Ort mitteilen. Ansonsten findest du nähere Informationen auf www.telc.net.

Was kostet der DZT?

Sofern du an einem Integrationskurs teilnimmst, ist der Test für dich kostenfrei. Andernfalls fällt eine Gebühr an, die du bei der jeweiligen Prüfungsstelle anfragen kannst.

Wann musst du dich zur Prüfung anmelden und wie geht es danach weiter?

Den genauen Termin zur Anmeldung erfährst du von deiner Prüfungsstelle. Zumeist solltest du dich mehrere Wochen vor der Prüfung anmelden. Ist dies geschehen, erhältst du im Anschluss einen Einladungsbrief mit Hinweisen auf den genauen Prüfungszeitpunkt sowie -ort.

Was solltest du zur Prüfung mitbringen?

Zur Prüfung musst du deinen Pass oder ein anderes gültiges Dokument mit Foto zum Nachweis deiner Identität mitbringen. Ebenfalls ist ein Schreibgerät, wie ein Bleistift und ein Radiergummi sowie eine Uhr empfehlenswert. Die Nutzung von Wörterbüchern und deinem Handy bzw. Smartphone ist nicht gestattet.

Kannst du die Sprachprüfung bei Nichtbestehen wiederholen?

Wenn du an dem DTZ teilgenommen, aber diesen nicht bestanden hast, kannst du die DTZ **einmalig wiederholen**. Dies gilt jedoch nur, wenn du ordnungsgemäß am Integrationskurs teilgenommen hast.

Hinweis: Das reine Nachholen einzelner Prüfungsteile ist nicht möglich. Sofern du eine Wiederholung wünscht, musst du also die gesamte Sprachprüfung wiederholen.

Wie kannst du dich auf die Prüfung vorbereiten?

Eine ausgiebige Vorbereitung auf den Deutsch B2 Test ist sehr wichtig. Durch sie lernst du die einzelnen Teile der mündlichen sowie schriftlichen Prüfung kennen und weißt, was genau dich am Prüfungstag erwarten wird. Üben kannst du entweder alleine, beispielsweise mit diesem Kurs und / oder unserem dazugehörigen Buch. Auch das Lernen in einer Gruppe kann für eine optimale Vorbereitung hilfreich sein, besonders für den mündlichen Prüfungsteil.

6 Hörverständnis B2

Allgemeine Informationen zum Hörverständnis

Da die Alltagskommunikation zu 45% aus Hören besteht, ist es wenig verwunderlich, dass der Aufgabentyp "Hörverständnis" innerhalb einer Sprachprüfung eine großen Rolle einnimmt. Tatsache ist ebenfalls, dass das Hörverständnis für andere Fähigkeiten, wie das Sprechen, unabdingbar ist. Oder wie möchtest du auf eine Frage antworten, wenn du diese erst gar nicht verstanden hast? Wie möchtest du Wörter korrekt aussprechen, wenn du diese noch nie zuvor gehört hast?

Hörverständnis fachlich ausgedrückt: Mit Hilfe von sprachlichem Wissen wird einem Sprachsignal ein gewisser Sinn zugeordnet. Dabei verläuft das Hören in Echtzeit, die akustischen Signale sind flüchtig und vergehen rasch – ganz im Gegensatz zum Lesen.

Bei dem Aufgabentyp "Hörverständnis" geht es also darum, deine Kenntnisse im "Hören und Verstehen" zu prüfen.

Hörverständnis Erstsprache vs. Hörverständnis Fremdsprache

Das Hörverständnis in der Erst- bzw. Muttersprache erfolgt ganz selbstverständlich, also ohne groß darüber nachzudenken. Beim Lernen einer Fremdsprache ist dies jedoch nicht so. Nicht selten stehen Fremdsprachen-Lernende vor großen Schwierigkeiten wenn es um das Verstehen authentischer Hörsituationen geht. Gerade, wenn die sprechende Person schnell oder sogar mit einem bestimmten Dialekt spricht, kann dies eine große Hürde für Fremdsprachler sein.

Fremdsprachler möchten möglichst alles sofort verstehen. Doch bereits kurze Verstehenslücken können dazu führen, dass fremdsprachliche Hörer rasch "den roten Faden" sowie die Motivation verlieren oder – im schlimmsten Fall – den Hörvorgang komplett abbrechen.

Gründe für Verstehenslücken

Grundsätzlich lässt sich sagen, dass Fremdsprachler zumeist nicht über dasselbe sprachliche, inhaltliche und kulturelle Wissen verfügen wie Muttersprachler. Dies ist der Hauptgrund für Verstehenslücken und Missverständnisse.

Weitere Gründe für Verstehensprobleme sind die Art und Weise, wie der Sprechende spricht (schnell, mit Dialekt usw.), die Beschaffenheit der Hörtexte und die Formulierung der jeweiligen zum Hörverständnis gehörenden Aufgabe.

Kriterien für die Bestimmung einer Textschwierigkeit sind u. a.:

- die Textlänge
- die Sprechgeschwindigkeit
- die Anzahl der Sprecher
- die Art und Lautstärke der Hintergrundgeräusche
- die verwendete Sprache (Standardsprache oder Umgangssprache, regionaler Dialekt, Akzent)
- der grammatische Anspruch und
- die Textstruktur (einfacher, klarer Aufbau vs. komplizierte, schwer durchschaubare Gliederung).

Hörverstehen auf B2 Niveau / Aufbau der Prüfung

Hörverstehen auf B2 Niveau bedeutet, dass du gesprochene Texte aus dem privaten, beruflichen oder gesellschaftlichen Bereich gut verstehen kannst. Dabei spielt es keine Rolle, ob der Sprechende direkt vor dir steht oder du das Gesprochene über Medien, wie Fernseher oder Radio, wahrnimmst.

Aus diesen drei Teilen besteht die Prüfung:

- Globales Hören: Hierbei geht es darum, Hauptaussagen zu einer im Radio abgespielten Nachrichtensendung zuzuordnen.
- Detailverstehen: Hierbei sprechen zwei Personen miteinander. Du erhältst 10 Aussagen und musst entscheiden, welche der Aussagen richtig oder falsch sind.
- Selektives Verstehen: Du hörst in diesem Teil fünf kurze Durchsagen und bekommst 5 Aussagen. Auch hier gilt es zu prüfen: Sind die Aussagen richtig, oder falsch?

Hinweis: Während der Prüfung werden dir die Texte nur ein einziges Mal vorgespielt. Es gilt demnach, schnelle Entscheidungen zu treffen. Ein Überprüfen ist nicht möglich.

Hörverstehen-Aufgaben: Übung macht den Meister

Wenn du dich jedoch ausgiebig auf den Hörverstehen-Prüfteil vorbereitest, sollte dir dieser Testteil keine allzu großen Probleme bereiten.

Mit den nachfolgenden Audios kannst du direkt deine Vorbereitung starten – und dies Schritt für Schritt. Schaue dir vor dem Hören die verlangte Aufgabenstellung an. Bevor du dich jedoch auf diese stürzt, kannst du zunächst mit "einfachen" Höraufgaben beginnen. Verstehe zunächst die allgemeine Situation, die geschildert wird. Finde im Anschluss heraus, wie viele Sprecher auftreten und ob diese bestimmte Sprachmerkmale aufweisen.

Zwei Dinge gelten: Übung macht den Meister und setze dich nicht unter Druck! Übe regelmäßig und du wirst sehen, dieser Aufgabentyp wird dir immer weniger Probleme bereiten.

6.1 Test: Der Unfall

Höre dir die Audiodatei an und beantworte die Fragen.

1. Der Unfall ereignete sich auf der A41.

   ◯ a) richtig

   ◯ b) falsch

2. Wie viele Fahrzeuge waren an dem Unfall beteiligt?

   ◯ a) 51

   ◯ b) 18

   ◯ c) 69

   ◯ d) 96

3. Wie viele Personen waren schwer verletzt?

   ◯ a) 18

   ◯ b) 69

   ◯ c) 51

   ◯ d) 2

4. Wie viele Personen starben vor Ort?

- ◯ a) 18
- ◯ b) 69
- ◯ c) 2
- ◯ d) 0

5. Wann fand der Unfall statt?

- ◯ a) Gegen 21 Uhr
- ◯ b) Gegen 9 Uhr
- ◯ c) Gegen 18 Uhr
- ◯ d) Wird nicht gesagt.

6. Wie viele Insassen hatte der Kleinwagen?

- ◯ a) Einen
- ◯ b) Zwei
- ◯ c) Drei
- ◯ d) Wird nicht gesagt.

7. Die Autobahn war einseitig gesperrt.

- ◯ a) richtig
- ◯ b) falsch

8. Wann wurde der Stau aufgelöst?

- ◯ a) Um 8 Uhr
- ◯ b) Nach 8 Stunden
- ◯ c) Um 18 Uhr
- ◯ d) Nach 18 Stunden

6.2 Lösungen: Der Unfall

Aufgabe	Lösung	Aufgabe	Lösung	Aufgabe	Lösung
1.	b)	2.	c)	3.	a)
4.	c)	5.	a)	6.	b)
7.	b)	8.	b)		

Lösungen der Auswahl-Fragen.

6.3 Test: Interview mit einer Zeitungsbotin

Höre dir die Audiodatei an und beantworte die Fragen.

1. Die Radiosendung heißt "Das getriebene Rädchen".

   ○ a) richtig

   ○ b) falsch

2. Gina arbeitet als Zeitungsbotin.

   ○ a) falsch

   ○ b) richtig

3. Gina muss jede Nacht um 3 Uhr aufstehen.

   ◯ a) richtig

   ◯ b) falsch

4. Sobald eine Reklamation erfolgt, bekommt Gina die Kündigung.

   ◯ a) richtig

   ◯ b) falsch

5. Wenn Gina krank wird, geht sie meist trotzdem arbeiten.

   ◯ a) richtig

   ◯ b) falsch

6. Die Zeitungen müssen bis 6 Uhr morgens verteilt sein.

   ◯ a) richtig

   ◯ b) falsch

7. Bis 5 Uhr kann Gina den Frühdienst erreichen.

   ◯ a) richtig

   ◯ b) falsch

8. Gina darf sich erst einen Tag nach ihrer Krankheit tatsächlich krankmelden.

   ◯ a) richtig

   ◯ b) falsch

9. Gina verdient den gesetzlichen Mindestlohn von 10 Euro am Tag.

   ◯ a) richtig

   ◯ b) falsch

10. Der Job als Zeitungsbotin ist aus Ginas Sicht nicht gut bezahlt.

◯ a) richtig

◯ b) falsch

6.4 Lösungen: Interview mit einer Zeitungsbotin

Aufgabe	Lösung	Aufgabe	Lösung	Aufgabe	Lösung
1.	b)	2.	b)	3.	b)
4.	b)	5.	a)	6.	a)
7.	b)	8.	b)	9.	b)
10.	a)				

Lösungen der Auswahl-Fragen.

6.5 Test: Interview mit einer Existenzgründerin

Höre dir die Audiodatei an und beantworte die Fragen.

1. Elvira Bauer hat eine Familie mit 2 Kindern.

◯ a) richtig

◯ b) falsch

2. Ihre Kinder sind schon erwachsen und gehen nicht mehr zur Schule, so dass sie wieder arbeiten gehen kann.

   ◯ a) richtig

   ◯ b) falsch

3. Sie hat sich mit einer kleinen Versicherungsagentur selbstständig gemacht.

   ◯ a) richtig

   ◯ b) falsch

4. Frau Bauer ist gelernte Grafikerin.

   ◯ a) richtig

   ◯ b) falsch

5. Die Werbebranche ist ein unattraktiver Arbeitgeber für junge Leute.

   ◯ a) richtig

   ◯ b) falsch

6. Festangestellte müssen mit schlecht bezahlte Praktikanten um eine Anstellung konkurrieren

   ◯ a) richtig

   ◯ b) falsch

7. Frau Brauers Werbeagentur entwirft hauptsächlich Plakatwerbung.

   ◯ a) richtig

   ◯ b) falsch

8. Frau Bauer stellt ihre Kunstwerke kostenlos zur Verschönerung von Litfaßsäulen zur Verfügung.

   ◯ a) richtig

   ◯ b) falsch

9. Mit dem Erstellen von ausländischen Kinoplakaten verdient Frau Bauer das meiste Geld.

   ◯ a) richtig

   ◯ b) falsch

10. Die Einnahmen aus ihrer Werbeagentur reichen für ein gutes Leben aus.

   ◯ a) richtig

   ◯ b) falsch

6.6 Lösungen: Interview mit einer Existenzgründerin

Aufgabe	Lösung	Aufgabe	Lösung	Aufgabe	Lösung
1.	a)	2.	b)	3.	b)
4.	a)	5.	b)	6.	a)
7.	a)	8.	b)	9.	b)
10.	a)				

Lösungen der Auswahl-Fragen.

7 Leseverständnis B2

Bei dem Test zum Leseverständnis geht es darum, deine Fähigkeit, Inhalte aus einem verfassten Text zu ziehen, zu prüfen. Dir wird beispielsweise ein Text vorgegeben, zu dem du gewisse Fragen beantworten sollst.

Im Gegensatz zum Hörverstehen geht es beim Lesen um keine flüchtigen, akustischen Signale, die schnell verstanden werden müssen. Das Lesen ist eine hoch komplexe, kreative Fähigkeit. Die Bedeutung des Gelesenen entsteht bei dem Zusammenspiel von Textinhalten und der eigenen Erwartung, die man an den Text zuvor stellt.

Fremdsprachliches vs. muttersprachliches Lesen

Grundsätzlich gibt es zwischen dem fremdsprachlichen und muttersprachlichen Lesen keinen markanten Unterschied. Einzig eine verminderte Leseflüssigkeit, die aufgrund eines eingeschränkten Wortschatzes sowie eines fehlenden Hintergrundwissens auftreten kann, ist kennzeichnend.

Gut zu wissen: Muttersprachliche Lesefertigkeiten werden nicht zwingend auf die Lesefertigkeit einer Fremdsprache übertragen. Das heißt, kannst du in deiner Muttersprache schnell und flüssig lesen, muss dies bei einer Fremdsprache nicht auch so sein. Damit du demnach auch im fremdsprachlichen Lesen glänzen kannst, solltest du intensiv an deinem Wortschatz arbeiten.

Aufbau Leseverstehen-Test

Der Test "Leseverstehen und Sprachbausteine" besteht aus folgenden Aufgaben:

- Globales Lesen: Hierbei handelt es sich um eine Zuordnungsaufgabe. Du sollst für einen Text eine passende Überschrift auswählen.
- Detailliertes Lesen: Hierbei geht es darum, Informationen aus einem Text zu ziehen. Du bekommst einen wissenschaftlichen Text sowie fünf Aufgaben mit jeweils drei Optionen, wobei lediglich nur eine Option richtig ist.
- Selektives Lesen: du bekommst 10 Sätze, die knapp eine Situation angeben sowie 12 Texte dazu. Deine Aufgabe ist es, die Sätze dem jeweiligen Text zuzuordnen.
- Sprachbausteine: Hier erwartet dich ein Lückentext. Die Lücken gilt es mit vorgegebenen Optionen, von denen stets nur eine richtig ist, zu füllen. Geprüft werden vor allem deine Grammatikkenntnisse.

Richtig lesen, richtig verstehen: Tipps und Tricks für deine Vorbereitung

Wie auch schon beim Hörverstehen gilt auch hier: Übung macht den Meister!
Wenn du regelmäßig übst sowie diese Tipps befolgst, wird dir dieser Aufgabentyp in der Sprachprüfung keine Schwierigkeiten machen.

Tipps und Tricks:

- Ließ dir zunächst den Text in Ruhe durch.
- Ließ dir danach die Aufgabenstellung durch.
- Betrachte die Angaben zum Titel, Autor und Quelle, so dass du das Thema einordnen kannst.
- Überlege: Hast du zu dem Thema bereits Vorwissen? Vielleicht ist dieses für die Beantwortung der Fragen bereits hilfreich.
- Ließ dir den Text ein weiteres Mal durch und markiere dir Schlüsselwörter bzw. Textbereiche. Markiere jedoch nicht zu viel, denn sonst verlierst du schnell den Überblick.
- Lass dich nicht davon unterkriegen, wenn du nicht alle Wörter verstehst. Oftmals reicht der Zusammenhang, um die Aufgabenstellung zu bewältigen.

7.1 Test: Tagebucheintrag

Wähle aus den Antwortmöglichkeiten die Antwort aus, die in den Text passt.

Liebes Tagebuch,

ich bin gerade mit den Nerven am Ende [1] könnte nur noch weinen vor lauter Frust. Wir hatten heute in der Uni die BWL-Prüfung. Ich hatte wochenlang dafür gelernt und war wirklich gut vorbereitet. Oder zumindest dachte ich das, [2] ich den Aufgabenzettel bekommen habe. Bei bestimmt der Hälfte der Aufgaben ging es um statistische Auswertungen. Das kam in [3] Vorlesungen überhaupt nicht dran. Ich konnte keine einzige Aufgabe davon lösen. Und der Rest der Prüfung war auch nicht besser. Irgendwie habe ich komplett am Thema vorbei gelernt.

So viel Arbeit, und das völlig umsonst. Ich habe wochenlang nur gelernt. Ich war nicht im Kino oder in der Disco, habe mich nicht mit Freunden getroffen und kaum Sport gemacht. Und gebracht hat es mir nichts. Jetzt muss ich ein ganzes halbes Jahr länger studieren, [4] ich die Prüfung erst im nächsten Semester wiederholen kann.

Aber wenigstens war ich nicht alleine. Den anderen Studierenden ging es auch nicht besser [5] mir. Wir haben uns nach der Prüfung noch kurz unterhalten, und alle hatten Probleme mit den Aufgaben. Ich vermute, der Professor wollte mal ordentlich aufräumen unter den Studenten. Ich habe schon von einigen gehört, dass Herr Schmied sehr unfaire Prüfungen stellt. [6] Gerücht kann ich jetzt wohl so bestätigen. So ein blöder Fatzke.

Ich habe vorhin mit Tina telefoniert und mich bei ihr ausgeheult. Sie hat [7] getröstet und mir vorgeschlagen, dass wir uns heute Abend auf einen leckeren Drink in der Cocktailbar treffen. Damit ich einfach mal ein bisschen ausspannen kann. So richtig Lust habe ich eigentlich nicht, aber [8] Abend mit meiner besten Freundin möchte ich dann doch nicht missen.

Ich werde jetzt ein schönes warmes Bad nehmen und mir etwas Leckeres [9] Pizza-Lieferdienst kommen lassen. Gegen 9 Uhr wollte Tina vorbeikommen und mich abholen. Mal sehen, was der Abend noch so bringt, mit Tina ist [10] immer lustig. Ich erzähle Dir alles morgen, wenn ich ausgeschlafen habe.

Bis bald!

1. Welche Lösung ist korrekt? [1]

   ○ a) und

   ○ b) dass ich

   ○ c) als ich

2. Welche Lösung ist korrekt? [2]

   ○ a) aber

   ○ b) bis

   ○ c) dass

3. Welche Lösung ist korrekt? [3]

   ○ a) den

   ○ b) die

   ○ c) der

4. Welche Lösung ist korrekt? [4]

   ○ a) das

   ○ b) aber

   ○ c) weil

5. Welche Lösung ist korrekt? [5]

- ◯ a) als
- ◯ b) wegen
- ◯ c) außer

6. Welche Lösung ist korrekt? [6]

- ◯ a) den
- ◯ b) das
- ◯ c) um das

7. Welche Lösung ist korrekt? [7]

- ◯ a) mich
- ◯ b) mir
- ◯ c) aber

8. Welche Lösung ist korrekt? [8]

- ◯ a) dieses
- ◯ b) ihren
- ◯ c) einen

9. Welche Lösung ist korrekt? [9]

- ◯ a) über der
- ◯ b) durch die
- ◯ c) vom

10. Welche Lösung ist korrekt? [10]

- ◯ a) dieses
- ◯ b) es
- ◯ c) sie

7.2 Lösungen: Tagebucheintrag

Aufgabe	Lösung	Aufgabe	Lösung	Aufgabe	Lösung
1.	a)	2.	b)	3.	a)
4.	c)	5.	a)	6.	b)
7.	a)	8.	c)	9.	c)
10.	b)				

Lösungen der Auswahl-Fragen.

7.3 Test: So gut ist fermentiertes Gemüse für die Gesundheit

Lies den Text aufmerksam durch und beantworte anschließend die nachfolgenden Fragen.

Wenn von fermentiertem Gemüse die Rede ist, fällt den meisten Menschen sofort Sauerkraut ein. Auch Kimchi, die asiatische Variante des Sauerkrauts, erfreut sich zunehmender Bekanntheit. Doch warum genau ist Sauerkraut eigentlich so gesund?

Sauerkraut ist fermentierter Weißkohl. Unter Fermentation versteht man die Gärung von Lebensmitteln. Hierbei wandeln spezielle Mikroorganismen wie Bakterien oder Hefen bestimmte Inhaltsstoffe der Lebensmittel um. So wird beispielsweise bei der Weinherstellung der im Traubenmost enthaltene Zucker durch Weinhefe in Alkohol und Kohlensäure umgewandelt.

Bei der Sauerkrautherstellung kommen Milchsäurebakterien zum Einsatz. Man spricht daher auch von Milchsäuregärung. Die Bakterien vermehren sich und wandeln die im Gemüse enthaltene Stärke in Milchsäure um. Die Säure wiederum hemmt das Wachstum von Fäulnisbakterien und Pilzen; das Gemüse wird auf diese Weise konserviert. Neben Weißkohl kann nahezu jedes beliebige Gemüse fermentiert werden. Karotten, Fenchel, Bohnen, Lauch, Zucchini, Sellerie, Zwiebeln, Rote Bete, Paprika und alle anderen Kohlsorten – der Fantasie sind keine Grenzen gesetzt. Fermentiertes Gemüse wird auch als Sauergemüse bezeichnet.

Der große Vorteil dieser Art von Konservierung ist, dass das Gemüse roh verarbeitet wird. Vitamine und Mineralstoffe bleiben zum Großteil erhalten und das Gemüse wird nicht 'totgekocht'. Dies macht das Sauergemüse deutlich vorteilhafter für die Gesundheit als beispielsweise eingekochtes Gemüse und Konserven.

Ein weiterer großer Pluspunkt sind die im Sauergemüse enthaltenen Milchsäurebakterien, welche für eine gesunde Darmflora sorgen. Sie beeinflussen die Zusammensetzung der Darmbakterien positiv und verhindern, dass sich schädliche Bakterien und Pilze zu sehr ausbreiten. Aus neuesten wissenschaftlichen Untersuchungen ist bekannt, dass sich im Darm etwa 70 % der Immunzellen befinden. Ein gesunder Darm ist daher essenziell wichtig für Gesundheit und Wohlbefinden.

Für positive gesundheitliche Effekte genügen bereits zwei bis drei Gabeln voll Sauergemüse am Tag. Es kann einfach so gegessen werden, als knackige Beilage auf eine Scheibe Brot gelegt oder in Salat oder Dips untergerührt werden. Wichtig ist, dass das Sauergemüse roh verzehrt wird. Beim starken Erhitzen gehen Vitamine und Nährstoffe verloren und die wertvollen Milchsäurebakterien sterben ab.

1. Bedeutet "fermentieren" das Lebensmittel in Alkohol eingelegt werden?

   ○ a) Nein. Beim Fermentieren kann aber Alkohol entstehen.

   ○ b) Ja, durch den Alkohol fermentiert das Lebensmittel.

   ○ c) Nur dann, wenn zusätzlich Weinhefe hinzugegeben wird.

2. Bekämpfen die Milchsäurebakterien beim Fermentieren die Fäulnisbakterien?

   ○ a) Ja, die Milchsäurebakterien fressen die Fäulnisbakterien auf.

   ○ b) Nur indirekt. Milchsäurebakterien produzieren Milchsäure, welche schlecht für das Wachstum der Fäulnisbakterien ist.

   ○ c) Nein. Die Milchsäurebakterien fressen ihnen allerdings die Stärke weg, sodass die Fäulnisbakterien verhungern.

3. Ist Sauergemüse gesünder als gekochtes Gemüse?

   ○ a) Ja, da beispielsweise Gemüse aus der Dose deutlich mehr Vitamine enthält.

   ○ b) Nein, durch die Konservierung verliert Sauergemüse mehr Vitamine als eingekochtes Gemüse.

   ○ c) Ja, da das Gemüse noch roh ist und daher mehr Vitamine enthält.

4. Inwiefern stärken Milchsäurebakterien das Immunsystem?

○ a) Das Immunsystem kann durch die Milchsäurebakterien zu 70 % wieder hergestellt werden.

○ b) Sie beeinflussen die Darmflora nicht und unterdrücken so schädliche Bakterien.

○ c) Sie sorgen für einen gesunden Darm, was gut für das Immunsystem ist.

5. Wie sollte Sauergemüse für eine gute Wirkung verzehrt werden?

○ a) Möglichst roh oder zumindest nicht allzu stark erhitzt, damit die wertvollen Inhaltsstoffe erhalten bleiben.

○ b) Wichtig ist, es nicht einfach roh zu essen, sondern als Dip auf einer Scheibe Brot.

○ c) Es muss stark erhitzt werden, damit die wertvollen Milchsäurebakterien absterben.

7.4 Lösungen: So gut ist fermentiertes Gemüse für die Gesundheit

Aufgabe	Lösung	Aufgabe	Lösung	Aufgabe	Lösung
1.	a)	2.	b)	3.	c)
4.	c)	5.	a)		

Lösungen der Auswahl-Fragen.

7.5 Test: Traumurlaub auf der Nordseeinsel Amrum

1. Fülle die Lücken mit den richtigen Wörtern aus der Liste. Achtung! 5 Wörter bleiben übrig.

- Vollkommen zu Recht
- Ruhe
- Besichtigung
- windig
- bei gutem Wetter
- Fahrzeug
- Robbe
- Leuchtturm
- Aufenthalt
- Fischkutter
- interessiert
- Urlaub
- Passkontrolle
- ins Herz geschlossen
- Unterkunft

Traumurlaub auf der Nordseeinsel Amrum Haben Sie schon einmal einen ____________ auf Amrum verbracht? Kaum eine Insel ist so vielseitig wie die sogenannte 'kleine Schwester von Sylt'. Weitläufige Bade- und Sandstrände, abwechslungsreiche Sport- und Freizeitmöglichkeiten, idyllische Inseldörfer, tolle Naturerlebnisse, eine ausgeprägte Gastfreundschaft und das typische Nordseeklima: ________________________________ wird Amrum auch als 'Perle der Nordsee' bezeichnet. Die Anreise erfolgt mit öffentlichen Verkehrsmitteln oder dem eigenen ________________. Erstes Ziel ist immer der Fährhafen von Dagebüll. Von dort aus setzen Sie mit der Autofähre vom Festland auf die Insel über. Möwengeschrei, salzige Luft und oft eine steife Brise – während der etwa zweistündigen Überfahrt können Sie vom Deck der Fähre aus bereits den ganz eigenen Charme der Nordsee erleben. In Wittdün gehen Sie von Bord und fahren zu Ihrer ____________________. Das Zimmerangebot der Insel besteht hauptsächlich aus gemütlichen Pensionen und gepflegten Ferienhäusern, die sich harmonisch in das idyllische Bild der Insel einfügen. Für Campingfreunde stehen, direkt am ____________________ gelegen, ein FKK-Campingplatz und ein Campingplatz mitten in den Dünen zur Verfügung. Das wohl prägendste Merkmal der Insel ist der Kniepsand; ein langer, breiter Sandstrand, welcher sich über die ganze Westküste der Insel erstreckt und zu ausgedehnten Spaziergängen einlädt. Bei angenehmem Wetter ist der Badestrand in Norddorf einen Besuch wert. Wer möchte, nutzt seinen ____________________ für einen Crashkurs in der örtlichen Surfschule. Verschiedene Rundwege durch die einmalige Insellandschaft sind wie geschaffen zum Wandern und Radeln. Bei Ebbe bieten erfahrene Wattführer Wanderungen durch das Watt an; ______________________________ können Sie sogar bis zur Nachbarinsel Föhr gelangen. Wer sich für die Ökologie der Nordsee ____________________, kann sich im Naturzentrum Amrum rund um das Thema Wattenmeer informieren. Auf dem angrenzenden maritimen Kinderspielplatz können sich die lieben Kleinen richtig austoben. Auch kulturell hat Amrum einiges zu bieten. Bei der ______________________ des Friesenhauses 'Öömrang Hüs' erleben Sie, wie die Inselbewohner in früheren Zeiten gelebt haben. Außerdem finden dort jährlich wechselnde Ausstellungen statt. Ein Urlaub auf Amrum lohnt sich auf jeden Fall. Wer dem Charme von Amrum erst einmal erlegen ist, der wird die kleine Nordseeinsel ein Leben lang ___ __________________________________ haben.

7.6 Lösungen: Traumurlaub auf der Nordseeinsel Amrum

Aufgabe	Lösung
1.	Traumurlaub auf der Nordseeinsel Amrum Haben Sie schon einmal einen [Urlaub] auf Amrum verbracht? Kaum eine Insel ist so vielseitig wie die sogenannte 'kleine Schwester von Sylt'. Weitläufige Bade- und Sandstrände, abwechslungsreiche Sport- und Freizeitmöglichkeiten, idyllische Inseldörfer, tolle Naturerlebnisse, eine ausgeprägte Gastfreundschaft und das typische Nordseeklima: [Vollkommen zu Recht] wird Amrum auch als 'Perle der Nordsee' bezeichnet. Die Anreise erfolgt mit öffentlichen Verkehrsmitteln oder dem eigenen [Fahrzeug] . Erstes Ziel ist immer der Fährhafen von Dagebüll. Von dort aus setzen Sie mit der Autofähre vom Festland auf die Insel über. Möwengeschrei, salzige Luft und oft eine steife Brise – während der etwa zweistündigen Überfahrt können Sie vom Deck der Fähre aus bereits den ganz eigenen Charme der Nordsee erleben. In Wittdün gehen Sie von Bord und fahren zu Ihrer [Unterkunft] . Das Zimmerangebot der Insel besteht hauptsächlich aus gemütlichen Pensionen und gepflegten Ferienhäusern, die sich harmonisch in das idyllische Bild der Insel einfügen. Für Campingfreunde stehen, direkt am [Leuchtturm] gelegen, ein FKK-Campingplatz und ein Campingplatz mitten in den Dünen zur Verfügung. Das wohl prägendste Merkmal der Insel ist der Kniepsand; ein langer, breiter Sandstrand, welcher sich über die ganze Westküste der Insel erstreckt und zu ausgedehnten Spaziergängen einlädt. Bei angenehmem Wetter ist der Badestrand in Norddorf einen Besuch wert. Wer möchte, nutzt seinen [Leuchtturm] für einen Crashkurs in der örtlichen Surfschule. Verschiedene Rundwege durch die einmalige Insellandschaft sind wie geschaffen zum Wandern und Radeln. Bei Ebbe bieten erfahrene Wattführer Wanderungen durch das Watt an; [bei gutem Wetter] können Sie sogar bis zur Nachbarinsel Föhr gelangen. Wer sich für die Ökologie der Nordsee [interessiert] , kann sich im Naturzentrum Amrum rund um das Thema Wattenmeer informieren. Auf dem angrenzenden maritimen Kinderspielplatz können sich die lieben Kleinen richtig austoben. Auch kulturell hat Amrum einiges zu bieten. Bei der [Besichtigung] des Friesenhauses 'Öömrang Hüs' erleben Sie, wie die Inselbewohner in früheren Zeiten gelebt haben. Außerdem finden dort jährlich wechselnde Ausstellungen statt. Ein Urlaub auf Amrum lohnt sich auf jeden Fall. Wer dem Charme von Amrum erst einmal erlegen ist, der wird die kleine Nordseeinsel ein Leben lang [ins Herz geschlossen] haben.

Lösungen der Text-Aufgaben.

8 Sprachbausteine B2

Der Bereich "Sprachbausteine" gehört zum Bereich "Leseverstehen" und prüft vor allem deine Grammatikkenntnisse.

Entspricht dein Deutsch-Sprachniveau dem Niveau B2, so weist du bereits ein gewisses Sprachgefühl auf. Dies bedeutet, dass du ab und zu deine Entscheidungen aus dem Bauch heraus triffst. Doch habe dabei immer auch die grammatikalischen Regeln, die du gelernt hast, im Hinterkopf, denn Bauchgefühle sind vor allem dann zuverlässig, wenn du im Vorfeld ausgiebig geübt und die Grammatikregeln verinnerlicht hast.

Sprachbausteine B2 Deutsch Prüfung, Teil 1 "Grammatik"

Was gilt es zu tun? In 15 Minuten musst du in einem Lückentext insgesamt 10 Lücken nach dem Multiple-Choice-Prinzip ausfüllen. Dir werden Antwortmöglichkeiten vorgegeben, von denen jedoch immer nur eine Antwort richtig ist.

Geprüft wird dabei, ob du

- korrekt deklinierst und konjugierst sowie
- die richtigen Artikel, Verben, Partikel, Präpositionen und Pronomen einsetzt.

Sprachbausteine B2 Deutsch Prüfung, Teil 2 "Lexik"

Was gilt es zu tun? Auch im zweiten Teil erhältst du einen Lückentext, zumeist einen Zeitschriftenartikel. In 20 Minuten ist es deine Aufgabe, die 10 darin enthaltenen Lücken auszufüllen. Vorgegeben werden dir 15 Wörter oder Ausdrücke. Beachte also, dass nicht alle dir angebotenen Optionen passen; am Ende bleiben fünf Vorschläge übrig.

Bei dem Test "Lexik" geht es nicht darum, zu sehen, ob du korrekt deklinieren und konjugieren kannst, sondern ob dein Wortschatz dem Sprachniveau B2 entspricht.

8.1 Grammatik

Adverbiale Bestimmungen, Präpositionen, Konjunktionen, Pronomen, Zeitformen, Substantive, und und und – die deutsche Grammatik ist sehr komplex und gerade deshalb bei vielen Lernenden ein eher unbeliebtes Thema.

8.1.1 Was bedeutet "Grammatik"?

Grammatik steht für "Sprachlehre". Sie bündelt alle Regeln, die für das korrekte Verwenden einer Sprache wichtig sind. So weist auch die deutsche Sprache viele Regeln auf, die dem Deutschlernen einen bestimmten Rahmen geben. Erst, wenn du dieses Regelwerk verinnerlicht hast, kannst du das Deutsche mühelos (und fehlerfrei) in deinem Alltag anwenden.

Zu den wichtigsten Bestandteilen der deutschen Grammatik gehören u. a.:

- die Verbkonjugation
- die Zeitformen
- die Satzbildung
- die Kommasetzung

8.1.2 Die Geschichte der deutschen Grammatik

Im Jahr 1850 wurde von dem Theologen Friedrich Bauer das Werk "Grundzüge der neuhochdeutschen Grammatik für höhere Bildungsanstalten" veröffentlicht. Dieses Werk ist es, das unserer heutigen Grammatik im Wesentlichen "ihr Gesicht gab". Im Laufe seines Lebens wurde das Werk regelmäßig auf einen neuen Stand gebracht. Nach seinem Tod oblag es Konrad Duden, aktualisierte Auflagen des Sprachwerkes herauszubringen. Bis heute ist die deutsche Sprache im Wandel – und so auch ihre Grammatik.

8.1.3 Wozu ist die deutsche Grammatik gut?

Ohne ein feststehendes Regelwerk könnten wir nur schwer mit unserem Gegenüber kommunizieren. Würden wir beispielsweise die Verben nicht in der korrekten Zeitform verwenden, wüssten wir nicht, ob die beschriebene Handlung in der Gegenwart, der Vergangenheit oder der Zukunft liegt. Neben dem sich nicht verständlich auszudrücken, könnten wir ohne eine festgelegte Grammatik den Inhalt von Texten nicht verstehen. Grammatik ist somit ein wichtiger Bestandteil der deutschen Sprache.

8.1.4 Grundlagen der Grammatik

Wer die deutsche Sprache lernen möchte, kommt an den Regeln der Grammatik nicht vorbei. Gerade die Grundlagen gilt es zu verinnerlichen. Zu diesen Grundlagen gehören u. a.:

Die zehn Wortarten

- Substantive (Gemüse, Baum, Uhr, ...)
- Verben (spielen, laufen, lachen, ...)
- Adjektive (süß, leise, langsam, ...)
- Artikel (der, die, eine, ...)
- Pronomen (sie, dich, dies, ...)
- Konjunktionen (weil, und, nachdem, ...)
- Adverbien (damit, also, morgens, ...)
- Präpositionen (mit, unter, in, ...)
- Zahlwörter (zwei, vierter, hundertfach, ...)
- Interjektionen (ach, pfui, au, ...)

Die sechs Zeitformen

- Präsens
- Präteritum
- Perfekt
- Plusquamperfekt
- Futur I
- Futur II

Die verschiedenen Verbformen

- Infinitiv (Grundform)
- Indikativ (Wirklichkeitsform)
- Imperativ (Befehlsform)
- Konjunktiv (Möglichkeitsform)

Die vier Fälle

- Nominativ (Wer-Fall)
- Akkusativ (Wen-Fall)
- Dativ (Wem-Fall)
- Genitiv (Wessen-Fall)

8.1.5 Tipps zum Lernen der deutschen Grammatik

Das Lernen einer Sprache und vor allem der dazugehörigen Grammatik kann schnell mühsam werden – ganz egal, ob es sich dabei um die englische, spanische oder deutsche Sprache bzw. Grammatik handelt.

Dabei muss das Grammatiklernen nicht stumpf und langweilig gestaltet sein. Mit diesen Tipps bleibst du motiviert:

1. Lerne deutsche Substantive direkt mit dem dazugehörigen Artikel.
2. Baue dir für gewisse Regeln Eselsbrücken ("Das "s" bei "das" muss einsam bleiben, kann man dafür "dieses", "jenes", "welches" schreiben.").
3. Lerne niemals mehrere Grammatikregeln gleichzeitig – mach kleine Schritte.
4. Verwende das Lernmittel, das zu deinem Lerntypen passt (ein visueller Lerntyp lernt am besten mit Bildern, wohingegen ein auditiver Lerntyp am liebsten auf Podcasts zurückgreift).
5. Wende das Gelernte direkt an und verbinde so Theorie und Praxis.
6. Lerne in Gemeinschaft – denn gegenseitig kann man sich motivieren. Es sollte aber nicht ablenken.
7. Lerne die Grammatik mit verschiedenen Medien, wie Video-Tutorials, Lehrbücher oder Online-Kurse und bringe so genügend Abwechslung in deinen Lernalltag.
8. Vermeide stumpfes Lernen ohne System sowie das sogenannte "Bulimie-Lernen" einen Abend vor einem Test.
9. Nutze ggf. die Möglichkeit einer Nachhilfe und erhalte nach jeder Lerneinheit ein direktes Feedback zu deinem Lernfortschritt.

8.1.6 Test: Deutsche Rechtschreibung

Im Folgenden wird deine Rechtschreibung geprüft. Markiere das Wort mit der richtigen Schreibweise.

1. Welches Wort ist korrekt geschrieben?
   - ○ a) brillant
   - ○ b) brilant
   - ○ c) brilliant
   - ○ d) briliant
   - ○ e) brilland
2. Welches Wort ist korrekt geschrieben?
   - ○ a) Delegierte
   - ○ b) Delegierde
   - ○ c) Delegiertä
   - ○ d) Dellegierte
   - ○ e) Dälegierte
3. Welches Wort ist korrekt geschrieben?
   - ○ a) Entgelt
   - ○ b) Entgeld
   - ○ c) Endgelt
   - ○ d) Enttgelt
   - ○ e) Entgellt

4. Welches Wort ist korrekt geschrieben?

- ◯ a) Geiselnamme
- ◯ b) Geißelnahme
- ◯ c) Geisselnahme
- ◯ d) Geiselnahme
- ◯ e) Gelsellnahme

5. Welches Wort ist korrekt geschrieben?

- ◯ a) Konnkurrenz
- ◯ b) Konkurrenz
- ◯ c) Konkurrents
- ◯ d) Konkurenz
- ◯ e) Konkurrens

6. Welches Wort ist korrekt geschrieben?

- ◯ a) Karusel
- ◯ b) Karusell
- ◯ c) Karussell
- ◯ d) Karussel
- ◯ e) Karussäll

7. Welches Wort ist korrekt geschrieben?

- ◯ a) Lappallje
- ◯ b) Lappalje
- ◯ c) Lappaliä
- ◯ d) Lapalie
- ◯ e) Lappalie

8. Welches Wort ist korrekt geschrieben?

   - ◯ a) Loser
   - ◯ b) Looser
   - ◯ c) Luser
   - ◯ d) Lusser
   - ◯ e) Loserr

9. Welches Wort ist korrekt geschrieben?

   - ◯ a) Mandarinne
   - ◯ b) Mandarrine
   - ◯ c) Mandarinie
   - ◯ d) Mandariene
   - ◯ e) Mandarine

10. Welches Wort ist korrekt geschrieben?

   - ◯ a) Paket
   - ◯ b) Pakett
   - ◯ c) Packet
   - ◯ d) Pakät
   - ◯ e) Packätt

11. Welches Wort ist korrekt geschrieben?

   - ◯ a) Portemonaie
   - ◯ b) Portemonnaie
   - ◯ c) Portemonnei
   - ◯ d) Portmonnei
   - ◯ e) Portmonnaie

12. Welches Wort ist korrekt geschrieben?

- ○ a) Terrasse
- ○ b) Terasse
- ○ c) Terrase
- ○ d) Terase
- ○ e) Terrasseh

13. Welches Wort ist korrekt geschrieben?

- ○ a) Verwandschaft
- ○ b) Verwantschaft
- ○ c) Verwandtschaft
- ○ d) Verwandtschafft
- ○ e) Verwandtschafd

14. Welches Wort ist korrekt geschrieben?

- ○ a) Aggression
- ○ b) Agression
- ○ c) Aggresion
- ○ d) Agresion
- ○ e) Agrression

15. Welches Wort ist korrekt geschrieben?

- ○ a) Barzahllung
- ○ b) Barrzahlung
- ○ c) Barzalung
- ○ d) Bahrzahlung
- ○ e) Barzahlung

16. Welches Wort ist korrekt geschrieben?

- a) diskrimimieren
- b) diskriminieren
- c) diskriminierem
- d) disskriminieren
- e) diskriminiren

17. Welches Wort ist korrekt geschrieben?

- a) Atmossphäre
- b) Atmosfäre
- c) Atmospherä
- d) Atmosphäre
- e) Atmosphere

18. Welches Wort ist korrekt geschrieben?

- a) Jackett
- b) Jakett
- c) Jacket
- d) Jacked
- e) Jakkett

19. Welches Wort ist korrekt geschrieben?

- a) ekszellent
- b) exzelent
- c) exzellent
- d) ekzellent
- e) ekszellend

20. Welches Wort ist korrekt geschrieben?

- ◯ a) nämlish
- ◯ b) nämlisch
- ◯ c) nemlich
- ◯ d) nämlich
- ◯ e) nähmlich

21. Welches Wort ist korrekt geschrieben?

- ◯ a) Commidment
- ◯ b) Comitmment
- ◯ c) Commitmend
- ◯ d) Commitment
- ◯ e) Comitment

22. Welches Wort ist korrekt geschrieben?

- ◯ a) anullieren
- ◯ b) annulieren
- ◯ c) annullieren
- ◯ d) annulliren
- ◯ e) anulieren

23. Welches Wort ist korrekt geschrieben?

- ◯ a) Kernspinntomografie
- ◯ b) Kernspintommografie
- ◯ c) Kernspintomografi
- ◯ d) Kernspintomografie
- ◯ e) Kernspinntommografie

24. Welches Wort ist korrekt geschrieben?

- ◯ a) Kommilitone
- ◯ b) Komilitone
- ◯ c) Kommilietone
- ◯ d) Komilietone
- ◯ e) Kommlitone

8.1.7 Lösungen: Deutsche Rechtschreibung

Aufgabe	Lösung	Aufgabe	Lösung	Aufgabe	Lösung
1.	a)	2.	a)	3.	a)
4.	d)	5.	b)	6.	c)
7.	e)	8.	a)	9.	e)
10.	a)	11.	b)	12.	a)
13.	c)	14.	a)	15.	e)
16.	b)	17.	d)	18.	a)
19.	c)	20.	d)	21.	d)
22.	c)	23.	d)	24.	a)

Lösungen der Auswahl-Fragen.

8.1.8 Test: Sprachverständnis Deutsche Rechtschreibung

1. Welches Wort ist korrekt geschrieben?

   - ◯ a) Aggression
   - ◯ b) Agression
   - ◯ c) Aggresion
   - ◯ d) Agresion
   - ◯ e) Agrression

2. Welches Wort ist korrekt geschrieben?

   - ◯ a) anullieren
   - ◯ b) annulieren
   - ◯ c) annullieren
   - ◯ d) annulliren
   - ◯ e) anulieren

3. Welches Wort ist korrekt geschrieben?

   - ◯ a) Atmossphäre
   - ◯ b) Atmosfäre
   - ◯ c) Atmospherä
   - ◯ d) Atmosphäre
   - ◯ e) Atmosphere

4. Welches Wort ist korrekt geschrieben?

- ○ a) brillant
- ○ b) brilant
- ○ c) brilliant
- ○ d) briliant
- ○ e) brilland

5. Welches Wort ist korrekt geschrieben?

- ○ a) Barzahllung
- ○ b) Barrzahlung
- ○ c) Barzalung
- ○ d) Bahrzahlung
- ○ e) Barzahlung

6. Welches Wort ist korrekt geschrieben?

- ○ a) Commldment
- ○ b) Comitmment
- ○ c) Commitmend
- ○ d) Commitment
- ○ e) Comitment

7. Welches Wort ist korrekt geschrieben?

- ○ a) Delegierte
- ○ b) Delegierde
- ○ c) Delegiertä
- ○ d) Dellegierte
- ○ e) Dälegierte

8. Welches Wort ist korrekt geschrieben?

- ◯ a) diskrimimieren
- ◯ b) diskriminieren
- ◯ c) diskriminierem
- ◯ d) disskriminieren
- ◯ e) diskriminiren

9. Welches Wort ist korrekt geschrieben?

- ◯ a) ekszellent
- ◯ b) exzelent
- ◯ c) exzellent
- ◯ d) ekzellent
- ◯ e) ekszellend

10. Welches Wort ist korrekt geschrieben?

- ◯ a) Entgelt
- ◯ b) Entgeld
- ◯ c) Endgelt
- ◯ d) Enttgelt
- ◯ e) Entgellt

11. Welches Wort ist korrekt geschrieben?

- ◯ a) Geiselnamme
- ◯ b) Geißelnahme
- ◯ c) Geisselnahme
- ◯ d) Geiselnahme
- ◯ e) Geisellnahme

12. Welches Wort ist korrekt geschrieben?

- ◯ a) Jackett
- ◯ b) Jakett
- ◯ c) Jacket
- ◯ d) Jacked
- ◯ e) Jakkett

13. Welches Wort ist korrekt geschrieben?

- ◯ a) Kernspinntomografie
- ◯ b) Kernspintommografie
- ◯ c) Kernspintomografi
- ◯ d) Kernspintomografie
- ◯ e) Kernspinntommografie

14. Welches Wort ist korrekt geschrieben?

- ◯ a) Konnkurrenz
- ◯ b) Konkurrenz
- ◯ c) Konkurrents
- ◯ d) Konkurenz
- ◯ e) Konkurrens

15. Welches Wort ist korrekt geschrieben?

- ◯ a) Kommilitone
- ◯ b) Komilitone
- ◯ c) Kommilietone
- ◯ d) Komilletone
- ◯ e) Kommlitone

16. Welches Wort ist korrekt geschrieben?

- ◯ a) Karusel
- ◯ b) Karusell
- ◯ c) Karussell
- ◯ d) Karussel
- ◯ e) Karussäll

17. Welches Wort ist korrekt geschrieben?

- ◯ a) Lappallje
- ◯ b) Lappalje
- ◯ c) Lappaliä
- ◯ d) Lapalie
- ◯ e) Lappalie

18. Welches Wort ist korrekt geschrieben?

- ◯ a) Loser
- ◯ b) Looser
- ◯ c) Luser
- ◯ d) Lusser
- ◯ e) Loserr

19. Welches Wort ist korrekt geschrieben?

- ◯ a) Mandarinne
- ◯ b) Mandarrine
- ◯ c) Mandarinie
- ◯ d) Mandariene
- ◯ e) Mandarine

20. Welches Wort ist korrekt geschrieben?

- ◯ a) nämlish
- ◯ b) nämlisch
- ◯ c) nemlich
- ◯ d) nämlich
- ◯ e) nähmlich

21. Welches Wort ist korrekt geschrieben?

- ◯ a) Paket
- ◯ b) Pakett
- ◯ c) Packet
- ◯ d) Pakät
- ◯ e) Packätt

22. Welches Wort ist korrekt geschrieben?

- ◯ a) Portemonaie
- ◯ b) Portemonnaie
- ◯ c) Portemonnei
- ◯ d) Portmonnei
- ◯ e) Portmonnaie

23. Welches Wort ist korrekt geschrieben?

- ◯ a) Terrasse
- ◯ b) Terasse
- ◯ c) Terrase
- ◯ d) Terase
- ◯ e) Terrasseh

24. Welches Wort ist korrekt geschrieben?

- ◯ a) Verwandschaft
- ◯ b) Verwantschaft
- ◯ c) Verwandtschaft
- ◯ d) Verwandtschafft
- ◯ e) Verwandtschafd

8.1.9 Lösungen: Sprachverständnis Deutsche Rechtschreibung

Aufgabe	Lösung	Aufgabe	Lösung	Aufgabe	Lösung
1.	a)	2.	c)	3.	d)
4.	a)	5.	e)	6.	d)
7.	a)	8.	b)	9.	c)
10.	a)	11.	d)	12.	a)
13.	d)	14.	b)	15.	a)
16.	c)	17.	e)	18.	a)
19.	e)	20.	d)	21.	a)
22.	b)	23.	a)	24.	c)

Lösungen der Auswahl-Fragen.

8.1.10 Test: Getrennt- und Zusammenschreibung

Wörter können (auf für uns relevante Weise zumindest) als Wortgruppen oder als Zusammensetzungen miteinander verbunden werden. Bei Wortgruppen ist die eigenständige Bedeutung der Wörter im Vordergrund, während sie bei Zusammensetzungen in den Hintergrund rückt.

Wortgruppen werden getrennt geschrieben und Zusammensetzungen schreibt man zusammen. Doch es ist nicht immer leicht zu erkennen, ob es sich um eine Wortgruppe oder um eine Zusammensetzung handelt. Manchmal sind allerdings auch beide Schreibweisen korrekt.
Beispiel: zuhause/zu Hause, aufgrund/auf Grund

Hier sind **fünf Faustregeln**, die eine erste Einschätzung erlauben:
Es wird zusammengeschrieben, wenn ...

- durch das Zusammensetzen eine neue Gesamtbedeutung entsteht (Beispiel: sicherstellen, krankschreiben, schwertun)
- die Bestandteile so verändert sind, dass Wortart, Wortform oder Bedeutung nicht mehr erkennbar sind (Beispiel: nachtsüber, beizeiten, bestenfalls, derart)
- einer der Bestandteile nicht selbstständig vorkommt (Beispiel: großmütig, blauäugig, vieldeutig)
- der erste Bestandteil bedeutungsverstärkend oder bedeutungsabschwächend ist (Beispiel: brandgefährlich, bitterböse, minderwertig, superschnell, extraklein)
- es sich um gleichrangige Adjektive handelt (Beispiel: nasskalt, blaugrün, taubstumm)

Besondere Regeln zu den Wortarten

Verben
Verbindungen zwischen **gleichrangigen Verben** werden getrennt geschrieben:

- laufen gehen
- lesen lernen

Verbindungen aus **Verb und Partizip** (geschenkt, gefangen, gelernt etc..) werden ebenfalls getrennt geschrieben:

- Der Kommissar konnte den Tatverdächtigen gefangen nehmen.
- Der Schüler konnte nicht versetzt werden.
- Es wird getrennt geschrieben.
- Doch Achtung: Entsteht eine neue Gesamtbedeutung durch das Zusammensetzen, wird zusammengeschrieben: zusammenziehen (man zieht zusammen in eine Wohnung/ein Haus ein) im Gegensatz zu: zusammen ziehen (buchstäblich gemeinsam an etwas ziehen); Zusammenrechnen (addieren) im Gegensatz zu: zusammen rechnen (gemeinsam dem Akt des Rechnens nachgehen); wiederbekommen (zurückerhalten) – wieder bekommen (erneut erhalten), wiederkehren

Verbindungen aus **Substantiv und Verb** werden getrennt geschrieben:

- Ich wollte Auto fahren. Sie konnte Rad fahren. Er mag Fußball spielen. Du sollst keine Angst haben.
- Aber: das Radfahren, das Fußballspielen. (Das) Radfahren birgt viele Gefahren. Trotz des Fußballspielens ist er unsportlich.
- Aber: wenn die Bedeutung des Substantivs verblasst, schreibt man es zusammen: Etwas preisgeben. Er schlafwandelt. Wir mussten notlanden. An etwas teilnehmen.

Adjektive/Partizipien

Verbindungen **gleichrangiger Adjektive** werden zusammengeschrieben. (Im Gegensatz zu der Regel bei Verben, wo gleichrangige Verben getrennt geschrieben werden!)

- grünblau
- feuchtwarm
- nasskalt

Ist ein **Fugenelement** vorhanden (z.B. ein “s”), wird zusammengeschrieben.

- alter**s**schwach
- leben**s**müde
- verhalten**s**auffällig

Verbindungen aus **Adjektiv und Partizip**, bei denen der erste Bestandteil das adjektivische Partizip ist, werden getrennt geschrieben.

- strahlend weiß
- kochend heiß
- überraschend stark

Verbindungen aus **Adjektiv und Verb** können getrennt oder zusammengeschrieben werden.

- kleinschneiden / klein schneiden
- warmmachen / warm machen
- kaputtmachen / kaputt machen

Verbindungen aus **Adjektiv und Verb** werden jedoch getrennt geschrieben, wenn das Adjektiv gesteigert oder durch “sehr” oder “ganz” erweitert ist.

- kleinschneiden / klein schneiden, aber nur: kleiner schneiden
- gerngesehen / gern gesehen, aber nur: sehr gern gesehen

Substantive
Verbindungen **mehrerer Substantive** werden zusammengeschrieben.

- Internetmodem
- Bierflasche
- Bücherwurm

Verbindungen mit **bleiben und lernen** können getrennt oder zusammengeschrieben werden.

- sitzenbleiben / sitzen bleiben
- kennenlernen / kennen lernen
- bestehenbleiben / bestehen bleiben

Verbindungen aus **Partizip und Partizip** können getrennt oder zusammengeschrieben werden.

- gefangengenommen / gefangen genommen
- getrenntlebend / getrennt lebend
- gefangengehalten / gefangen gehalten

Häufig lässt die **Betonung** Aufschluss darüber zu, ob getrennt oder zusammengeschrieben wird.

- aneinanderfügen, aber: aneinander vorbeigehen

Zahlen **unter einer Million** werden zusammengeschrieben.

- sechsunddreißigtausendvierhundert
- zweiundzwanzig
- einmal, zweimal, dreimal, viermal

8.1.11 Test: Getrennt- und Zusammenschreibung

1. Der Beamte konnte den Tatverdächtigen ...

   ☐ a) gefangen nehmen.

   ☐ b) gefangennehmen.

2. Mein Name wird ...

   ☐ a) getrennt geschrieben.

   ☐ b) getrenntgeschrieben.

3. "Irgendjemand" wird ...

   ☐ a) zusammengeschrieben.

   ☐ b) zusammen geschrieben.

4. Anna und Alex werden bald ...

   ☐ a) zusammenziehen.

   ☐ b) zusammen ziehen.

5. Wenn wir an diesem Seil ... , schaffen wir es.

   ☐ a) zusammen ziehen

   ☐ b) zusammenziehen

6. Ich habe es dir schon ... gesagt.

   ☐ a) zwanzigmal

   ☐ b) zwanzig Mal

7. Man kann mehrere Wörter ...

   ☐ a) aneinanderfügen.

   ☐ b) aneinander fügen.

8. Der Typ muss ja … sein!

   ☐ a) lebensmüde

   ☐ b) Lebens müde

9. Das Flugzeug musste …

   ☐ a) notlanden.

   ☐ b) Not landen.

10. Das … ist gefährlich.

   ☐ a) Radfahren

   ☐ b) Rad fahren

11. Die … Geisel konnte befreit werden.

   ☐ a) gefangengehaltene

   ☐ b) gefangen gehaltene

   ☐ c) beide Schreibweisen

12. 36.400 schreibt man …

   ☐ a) sechsunddreißigtausendvierhundert.

   ☐ b) sechs und dreißig Tausend-Vierhundert.

13. Wie lautet die korrekte Schreibweise?

   ☐ a) ineinanderfließen

   ☐ b) in einander fließen

8.1.12 Lösungen: Getrennt- und Zusammenschreibung

Aufgabe	Lösung	Aufgabe	Lösung	Aufgabe	Lösung
1.	a)	2.	a)	3.	a)
4.	a)	5.	a)	6.	a)
7.	a)	8.	a)	9.	a)
10.	a)	11.	c)	12.	a)
13.	a)				

Lösungen der Auswahl-Fragen.

8.1.13 Test: Groß- und Kleinschreibung 1

1. Welcher Satz ist korrekt?

   ☐ a) Die Testperson wählt am häufigsten Antwort A.

   ☐ b) Die Testperson wählt am Häufigsten Antwort A.

2. Welcher Satz ist korrekt?

   ☐ a) Jonas hat sich beim Laufen den Fuß gebrochen.

   ☐ b) Jonas hat sich beim laufen den Fuß gebrochen.

3. Welcher Satz ist korrekt?

   ☐ a) Das Haus ist besonders Gemütlich eingerichtet.

   ☐ b) Das Haus ist besonders gemütlich eingerichtet.

4. Welcher Satz ist korrekt?

   ☐ a) Folgendes ist zu beachten: Alle Dokumente müssen fristgerecht eingereicht werden.

   ☐ b) Folgendes ist zu beachten: alle Dokumente müssen fristgerecht eingereicht werden.

5. Welcher Satz ist korrekt?

☐ a) Lieber Christian,
vielen Dank für Deine Rückmeldung.

☐ b) Lieber Christian,
Vielen Dank für Deine Rückmeldung.

6. Was ist korrekt?

☐ a) Der indische Ozean.

☐ b) Der Indische Ozean.

7. Welcher Satz ist korrekt?

☐ a) Die Henne legte heute morgen fünf Eier.

☐ b) Die Henne legte heute Morgen fünf Eier.

8. Welcher Satz ist korrekt?

☐ a) Die Mitarbeiter sind Morgens besonders produktiv.

☐ b) Die Mitarbeiter sind morgens besonders produktiv.

9. Welcher Satz ist korrekt?

☐ a) Sie hatte alles verloren: Den Hof, das Auto und die Kühe.

☐ b) Sie hatte alles verloren: den Hof, das Auto und die Kühe.

10. Welcher Satz ist korrekt?

☐ a) Auch noch fünf Straßen weiter war sein Jubeln zu hören.

☐ b) Auch noch fünf Straßen weiter war sein jubeln zu hören.

11. Welcher Satz ist korrekt?

☐ a) Er glaubte an das Gute in ihr.

☐ b) Er glaubte an das gute in ihr.

12. Welcher Satz ist korrekt?

 - ☐ a) Ihnen fällt es schwer, sich auf Deutsch auszudrücken.
 - ☐ b) Ihnen fällt es schwer, sich auf deutsch auszudrücken.

13. Welcher Satz ist korrekt?

 - ☐ a) Der Läufer mit der Startnummer 625 lief als fünfter ins Ziel.
 - ☐ b) Der Läufer mit der Startnummer 625 lief als Fünfter ins Ziel.

14. Welcher Satz ist korrekt?

 - ☐ a) Ich spreche deutsch und englisch.
 - ☐ b) Ich spreche Deutsch und Englisch.

15. Welcher Satz ist korrekt?

 - ☐ a) Sie war die beste aller Tänzerinnen.
 - ☐ b) Sie war die Beste aller Tänzerinnen.

16. Was ist korrekt?

 - ☐ a) Vielen Dank im voraus.
 - ☐ b) Vielen Dank im Voraus.

17. Welcher Satz ist korrekt?

 - ☐ a) Einer der beiden musste das Zimmer verlassen.
 - ☐ b) Einer der Beiden musste das Zimmer verlassen.

18. Was ist korrekt?

 - ☐ a) Es tut mir leid.
 - ☐ b) Es tut mir Leid.

19. Welcher Satz ist korrekt?

☐ a) Er muss immer recht haben.

☐ b) Er muss immer Recht haben.

20. Welcher Satz ist korrekt?

☐ a) Morgen lesen wir Kapitel neun.

☐ b) Morgen lesen wir Kapitel Neun.

8.1.14 Lösungen: Groß- und Kleinschreibung 1

Aufgabe	Lösung	Aufgabe	Lösung	Aufgabe	Lösung
1.	a)	2.	a)	3.	b)
4.	a)	5.	a)	6.	b)
7.	b)	8.	b)	9.	b)
10.	a)	11.	a)	12.	a)
13.	b)	14.	a), b)	15.	a)
16.	b)	17.	a)	18.	a)
19.	a), b)	20.	a)		

Lösungen der Auswahl-Fragen.

8.1.15 Test: Groß- und Kleinschreibung 2

1. Beim ... habe ich mich verletzt.

○ a) ...Laufen...

○ b) ...laufen...

2. An ein ... war nicht zu denken.

○ a) ...Weglaufen...

○ b) ...weglaufen...

3. Mathe ist das ...

 ◯ a) ...schönste.

 ◯ b) ...Schönste.

4. Ein ... Auto habe ich mir gewünscht.

 ◯ a) ...grünes...

 ◯ b) ...Grünes...

5. Ein ... habe ich mir gewünscht.

 ◯ a) ...Grünes...

 ◯ b) ...grünes...

6. Es gibt montags immer wenig ...

 ◯ a) ...Neues.

 ◯ b) ...neues.

7. ... sollte man begrüßen.

 ◯ a) Altes und Neues...

 ◯ b) Altes und neues...

8. Die Ausbildung hatte viel ...

 ◯ a) ...schönes.

 ◯ b) ...Schönes.

9. ... gehen wir jetzt nach Hause.

 ◯ a) Am besten...

 ◯ b) Am Besten...

10. Wir treffen uns ...

- ◯ a) ...morgen Mittag.
- ◯ b) ...morgen mittag.
- ◯ c) ...Morgen mittag.
- ◯ d) ...Morgen Mittag.

11. Meistens bin ich ... sehr müde.

- ◯ a) ...abends...
- ◯ b) ...Abends...

12. Um Gottes ...

- ◯ a) ...willen.
- ◯ b) ...Willen.

13. Du bist ... daran!

- ◯ a) ...schuld...
- ◯ b) ...Schuld...

14. Er genießt das ...

- ◯ a) ...Auf-der-faulen-Haut-Liegen.
- ◯ b) ...auf-der-faulen-Haut-liegen.

15. Es waren mal wieder die ... Verdächtigen.

- ◯ a) ...üblichen...
- ◯ b) ...Üblichen...

16. Es sind mal wieder die ...

- ◯ a) ...Üblichen.
- ◯ b) ...üblichen.

17. ... zufrieden mit eurem Urlaubsziel?

- ◯ a) Seid ihr...
- ◯ b) Seit ihr...

18. Du kannst mich ... anrufen, wenn du mich brauchst.

- ◯ a) ...jederzeit...
- ◯ b) ...jeder Zeit...

19. Wer erfolgreich ... will, sollte sich gut überlegen an wen er welche Aufgaben abgibt.

- ◯ a) ...delegieren...
- ◯ b) ...deligieren...
- ◯ c) ...diligieren...

20. Ich bin immer noch ...

- ◯ a) ...der selbe.
- ◯ b) ...derselbe.
- ◯ c) ...der Selbe.

8.1.16 Lösungen: Groß- und Kleinschreibung 2

Aufgabe	Lösung	Aufgabe	Lösung	Aufgabe	Lösung
1.	a)	2.	a)	3.	b)
4.	a)	5.	a)	6.	a)
7.	a)	8.	b)	9.	a)
10.	a)	11.	a)	12.	a)
13.	a)	14.	a)	15.	a)
16.	a)	17.	a)	18.	a)
19.	a)	20.	b)		

Lösungen der Auswahl-Fragen.

8.1.17 Test: Groß- und Kleinschreibung 3

1. Markiere den Satz mit der korrekten Schreibweise.

   ◯ a) Ich stimme dir im Allgemeinen zu.

   ◯ b) Ich stimme Dir im allgemeinen zu.

   ◯ c) Ich Stimme dir im Allgemeinen zu.

   ◯ d) Ich stimme Dir im Allgemeinen zu.

2. Markiere den Satz mit der korrekten Schreibweise.

   ◯ a) Am Dienstag nachmittag können wir uns treffen.

   ◯ b) Am dienstag Nachmittag können wir uns treffen.

   ◯ c) Am Dienstagnachmittag können wir uns treffen.

   ◯ d) Am Dienstag Nachmittag können wir uns Treffen.

3. Markiere den Satz mit der korrekten Schreibweise.

   ◯ a) Im Folgenden Abschnitt wird das ganze nochmals erklärt.

   ◯ b) Im folgenden Abschnitt wird das Ganze nochmals erklärt.

   ◯ c) Im folgenden abschnitt wird das Ganze nochmals erklärt.

   ◯ d) Im folgenden Abschnitt wird das ganze nochmals Erklärt.

4. Markiere den Satz mit der korrekten Schreibweise.

   ◯ a) Jeweils am Ersten des Monats findet die Veranstaltung statt.

   ◯ b) Jeweils am ersten des monats findet die Veranstaltung statt.

   ◯ c) Jeweils am ersten des Monats findet die veranstaltung statt.

   ◯ d) Jeweils am ersten des Monats findet die Veranstaltung statt.

5. Markiere den Satz mit der korrekten Schreibweise.

- ◯ a) Vom bayerischen Wald bis zu den ostfriesischen Inseln.
- ◯ b) Vom bayerischen wald bis zu den ostfriesischen inseln.
- ◯ c) Vom Bayerischen Wald bis zu den Ostfriesischen Inseln.
- ◯ d) Vom Bayerischen wald bis zu den Ostfriesischen inseln.

6. Markiere den Satz mit der korrekten Schreibweise.

- ◯ a) Von den unzähligen, die vor der Mauer standen, brach jeder zweite in Tränen aus.
- ◯ b) Von den unzähligen, die vor der Mauer standen, brach jeder Zweite in Tränen aus.
- ◯ c) Von den unzähligen, die vor der Mauer standen, brach Jeder zweite in Tränen aus.
- ◯ d) Von den Unzähligen, die vor der Mauer standen, brach jeder Zweite in Tränen aus.

7. Markiere den Satz mit der korrekten Schreibweise.

- ◯ a) Sie trug am liebsten Kleider in Weiß.
- ◯ b) Sie Trug am liebsten Kleider in weiß.
- ◯ c) Sie trug am Liebsten Kleider in Weiß.
- ◯ d) Sie trug am Liebsten Kleider in weiß.

8. Markiere den Satz mit der korrekten Schreibweise.

- ◯ a) Die Ermittler Tappen bei der Suche im dunkeln.
- ◯ b) Die Ermittler tappen bei der Suche im Dunkeln.
- ◯ c) Die Ermittler tappen bei der suche im Dunkeln.
- ◯ d) Die Ermittler tappen bei der Suche im dunkeln.

9. Markiere den Satz mit der korrekten Schreibweise.

- ◯ a) Ihr wurde angst und bange bei dem Gedanken an den Keller.
- ◯ b) Ihr wurde Angst und Bange bei dem Gedanken an den Keller.
- ◯ c) Ihr wurde Angst und Bange bei dem gedanken an den Keller.
- ◯ d) Ihr wurde Angst und bange bei dem Gedanken an den Keller.

10. Markiere den Satz mit der korrekten Schreibweise.

- ◯ a) Sie haben dem Unternehmen großes Leid zugefügt.
- ◯ b) Sie haben dem Unternehmen Großes Leid zugefügt.
- ◯ c) Sie haben dem Unternehmen großes leid zugefügt.
- ◯ d) Sie haben den unternehmen großes Leid zugefügt.

11. Markiere den Satz mit der korrekten Schreibweise.

- ◯ a) Ist es dir recht, wenn wir morgen gemeinsam Essen?
- ◯ b) Ist es Dir recht, wenn wir Morgen gemeinsam essen?
- ◯ c) Ist es dir Recht, wenn wir Morgen gemeinsam Essen?
- ◯ d) Ist es dir recht, wenn wir morgen gemeinsam essen?

12. Markiere den Satz mit der korrekten Schreibweise.

- ◯ a) Es ist ein schöner Tag, die Sonne scheint und die vögel zwitschern.
- ◯ b) Es ist ein schöner tag, die Sonne scheint und die Vögel zwitschern.
- ◯ c) Es ist ein schöner Tag, die Sonne scheint und die Vögel zwitschern.
- ◯ d) Es ist ein schöner Tag, die Sonne scheint und die Vögel Zwitschern.

13. Markiere den Satz mit der korrekten Schreibweise.

- ◯ a) Er Reiste nicht zum ersten Mal nach China, aber viel Erfahrung hatte er nicht.
- ◯ b) Er reiste nicht zum Ersten mal nach China, aber viel erfahrung hatte er nicht.
- ◯ c) Er reiste nicht zum Ersten Mal nach China, aber viel erfahrung hatte er nicht.
- ◯ d) Er reiste nicht zum ersten Mal nach China, aber viel Erfahrung hatte er nicht.

14. Markiere den Satz mit der korrekten Schreibweise.

- ◯ a) Meiner Meinung nach ist es nicht Gut, wenn ein Buch viele Rechtschreibfehler hat.
- ◯ b) Meiner Meinung nach ist es nicht gut, wenn ein Buch viele Rechtschreibfehler hat.
- ◯ c) Meiner meinung nach ist es nicht gut, wenn ein Buch viele Rechtschreibfehler hat.
- ◯ d) Meiner Meinung nach ist es nicht gut, wenn ein Buch viele rechtschreibfehler hat.

15. Markiere den Satz mit der korrekten Schreibweise.

- ◯ a) Alles Weitere kann mit mir besprochen werden.
- ◯ b) Alles Weitere kann mit Mir besprochen werden.
- ◯ c) Alles weitere kann mit mir besprochen werden.
- ◯ d) Alles weitere kann mit mir Besprochen werden.

16. Markiere den Satz mit der korrekten Schreibweise.

- ◯ a) Der eine oder andere wird noch kommen.
- ◯ b) Der Eine oder Andere wird noch kommen.
- ◯ c) Der Eine oder andere wird noch kommen.
- ◯ d) Der eine oder Andere wird noch kommen.

17. Markiere den Satz mit der korrekten Schreibweise.

- ◯ a) Meiner Meinung nach ist das Fach Mathe am schwersten.
- ◯ b) Meiner Meinung nach ist das Fach Mathe am Schwersten.
- ◯ c) Meiner Meinung nach ist das Fach mathe am schwersten.
- ◯ d) Meiner meinung nach ist das Fach Mathe am Schwersten.

18. Markiere den Satz mit der korrekten Schreibweise.

- ◯ a) Also daran war nun wirklich nicht viel Schönes.
- ◯ b) Also daran war nun wirklich nicht viel schönes.
- ◯ c) Also daran war nun wirklich nicht Viel Schönes.
- ◯ d) Also Daran war nun wirklich nicht viel schönes.

19. Markiere den Satz mit der korrekten Schreibweise.

- ◯ a) Den beiden Abenteurern drohte etwas Gefährliches.
- ◯ b) Den beiden Abenteurern drohte etwas gefährliches.
- ◯ c) Den beiden Abenteurern drohte Etwas gefährliches.
- ◯ d) Den Beiden abenteurern drohte etwas Gefährliches.

20. Markiere den Satz mit der korrekten Schreibweise.

- ◯ a) Unser Rufen hatte Erfolg, denn sie blieb stehen.
- ◯ b) Unser rufen hatte Erfolg, denn sie blieb stehen.
- ◯ c) Unser Rufen hatte Erfolg, denn Sie blieb stehen.
- ◯ d) Unser rufen hatte erfolg, denn sie blieb stehen.

8.1.18 Lösungen: Groß- und Kleinschreibung 3

Aufgabe	Lösung	Aufgabe	Lösung	Aufgabe	Lösung
1.	a)	2.	c)	3.	b)
4.	a)	5.	c)	6.	d)
7.	a)	8.	b)	9.	a)
10.	a)	11.	d)	12.	c)
13.	d)	14.	b)	15.	a)
16.	a)	17.	a)	18.	a)
19.	a)	20.	a)		

Lösungen der Auswahl-Fragen.

8.1.19 Test: Mehrzahl

Wenn es um den Plural von so manchen Wörtern geht, stellen uns besonders Fremdwörter häufig vor eine große Herausforderung. Teste hier, wie gut du dich mit dem Plural auskennst. Alle Antworten orientieren sich an den aktuellen Rechtschreibregeln.

Vorsicht: Manchmal sind auch mehrere Lösungen richtig!

1. Was ist der Plural von “das Visum”?

   ☐ a) die Visa

   ☐ b) die Visas

   ☐ c) die Visen

   ☐ d) die Visums

2. Was ist der Plural von “die Agenda”?

   ☐ a) die Agendas

   ☐ b) die Agenden

   ☐ c) die Agenda

   ☐ d) die Agendens

3. Was ist der Plural von “der Modus”?

☐ a) die Modi

☐ b) die Moduse

☐ c) die Modusse

☐ d) die Moden

4. Was ist der Plural von “das Universum”?

☐ a) die Universums

☐ b) die Universen

☐ c) die Universa

☐ d) die Universum

5. Was ist der Plural von “der Status”?

☐ a) die Stati

☐ b) die Statusse

☐ c) die Staten

☐ d) die Status

6. Was ist der Plural von “das Antibiotikum”?

☐ a) die Antibiotikums

☐ b) die Antibiotikas

☐ c) die Antibiotika

☐ d) die Antibiotiken

7. Was ist der Plural von “der Euro”?

☐ a) die Euro

☐ b) die Euros

☐ c) die Euronen

☐ d) die Eurons

8. Was ist der Plural von “die Pizza”?

☐ a) die Pizza

☐ b) die Pizzas

☐ c) die Pizzen

☐ d) die Pizzum

9. Was ist der Plural von “das Album”?

☐ a) die Alben

☐ b) die Album

☐ c) die Albums

☐ d) die Albumen

10. Was ist der Plural von “das Datum”?

☐ a) das Datum

☐ b) die Datums

☐ c) die Datens

☐ d) die Daten

11. Was ist der Plural von “der Kaktus”?

☐ a) die Kakteen

☐ b) die Kaktusse

☐ c) die Kaktuse

☐ d) die Kakteens

12. Was ist der Plural von “das Lexikon”?

☐ a) die Lexika

☐ b) die Lexikas

☐ c) die Lexikon

☐ d) die Lexiken

13. Was ist der Plural von “das Praktikum”?

☐ a) die Praktikums

☐ b) die Praktikas

☐ c) die Praktika

☐ d) das Praktikum

14. Was ist der Plural von “das Thema”?

☐ a) das Thema

☐ b) die Themas

☐ c) die Themata

☐ d) die Themen

15. Was ist der Plural von "der Bus"?

☐ a) der Bus

☐ b) die Buse

☐ c) die Bussen

☐ d) die Busse

16. Was ist der Plural von "das Theater"?

☐ a) die Theater

☐ b) die Theaters

☐ c) die Theatren

☐ d) die Theaten

17. Was ist der Plural von "die Koalition"?

☐ a) die Koalition

☐ b) die Koalitions

☐ c) die Koalitionen

☐ d) die Koalitiona

18. Was ist der Plural von "das Publikum"?

☐ a) die Publikums

☐ b) die Publiken

☐ c) die Publikens

☐ d) die Publika

19. Was ist der Plural von “das Gebirge”?

☐ a) die Gebirge

☐ b) die Gebirgen

☐ c) die Gebirgens

☐ d) die Gebirges

20. Was ist der Plural von “der Leiter”?

☐ a) die Leitern

☐ b) die Leiters

☐ c) die Leiter

☐ d) die Leiteren

8.1.20 Lösungen: Mehrzahl

Aufgabe	Lösung	Aufgabe	Lösung	Aufgabe	Lösung
1.	a), c)	2.	b)	3.	a)
4.	b)	5.	d)	6.	c)
7.	a), b)	8.	b), c)	9.	a)
10.	d)	11.	a), b)	12.	a), d)
13.	c)	14.	c), d)	15.	d)
16.	a)	17.	c)	18.	d)
19.	a)	20.	c)		

Losungen der Auswahl-Fragen.

8.1.21 Test: Buchstaben ergänzen

1. Ergänze die fehlenden Buchstaben und trage diese ein.

   Ei __er

2. Ergänze die fehlenden Buchstaben und trage diese ein.

   Com __uter

3. Ergänze die fehlenden Buchstaben und trage diese ein.

   Da __h

4. Ergänze die fehlenden Buchstaben und trage diese ein.

   __nsel

5. Ergänze die fehlenden Buchstaben und trage diese ein.

   Ge __irn

6. Ergänze die fehlenden Buchstaben und trage diese ein.

   Musk __l

7. Ergänze die fehlenden Buchstaben und trage diese ein.

   Na __hbar

8. Ergänze die fehlenden Buchstaben und trage diese ein.

   __atur

9. Ergänze die fehlenden Buchstaben und trage diese ein.

   Amule __t

10. Ergänze die fehlenden Buchstaben und trage diese ein.

    Um __elt

11. Ergänze die fehlenden Buchstaben und trage diese ein.

    Ze __chen

12. Ergänze die fehlenden Buchstaben und trage diese ein.

    Ti __er

13. Ergänze die fehlenden Buchstaben und trage diese ein.

    Sa __d

14. Ergänze die fehlenden Buchstaben und trage diese ein.

    Rettung __wagen

15. Ergänze die fehlenden Buchstaben und trage diese ein.

    Sc __nner

16. Ergänze die fehlenden Buchstaben und trage diese ein.

    __eller

17. Ergänze die fehlenden Buchstaben und trage diese ein.

    Mo __itor

18. Ergänze die fehlenden Buchstaben und trage diese ein.

    Unterku __ft

19. Ergänze die fehlenden Buchstaben und trage diese ein.

    Ha __en

20. Ergänze die fehlenden Buchstaben und trage diese ein.

    Ge __weg

21. Ergänze die fehlenden Buchstaben und trage diese ein.

    __ahrrad

22. Ergänze die fehlenden Buchstaben und trage diese ein.

    Erd ____l

23. Ergänze die fehlenden Buchstaben und trage diese ein.

    B __d

24. Ergänze die fehlenden Buchstaben und trage diese ein.

    Za __n

25. Ergänze die fehlenden Buchstaben und trage diese ein.

    Versic __erung

26. Ergänze die fehlenden Buchstaben und trage diese ein.

    Tas __he

27. Ergänze die fehlenden Buchstaben und trage diese ein.

    __tein

28. Ergänze die fehlenden Buchstaben und trage diese ein.

    __uelle

29. Ergänze die fehlenden Buchstaben und trage diese ein.

    Im __fstoff

30. Ergänze die fehlenden Buchstaben und trage diese ein.

    Jac __e

Aufgabe	Lösung
1.	Ei [m / t / f / n] er
2.	Com [p] uter
3.	Da [c] h
4.	[I] nsel
5.	Ge [h] irn
6.	Musk [e] l
7.	Na [c] hbar
8.	[N] atur
9.	Amule [t] t
10.	Um [w] elt
11.	Ze [i] chen
12.	Ti [g] er
13.	Sa [n] d
14.	Rettung [s] wagen
15.	Sc [a] nner
16.	[K / T] eller
17.	Mo [n] itor
18.	Unterku [n] ft

Lösungen der Text-Aufgaben.

Aufgabe	Lösung
19.	Ha [f / k / s] en
20.	Ge[h]weg
21.	[F]ahrrad
22.	Erd[ö]l
23.	B[a]d
24.	Za [h / u] n
25.	Versic[h]erung
26.	Tas[c]he
27.	[S]tein
28.	[Q]uelle
29.	Im[p]fstoff
30.	Jac[k]e

Lösungen der Text-Aufgaben.

8.1.22 Test: Zeitungsbericht verstehen

Lies dir den Zeitungsbericht aufmerksam durch und beantworte im Anschluss die Fragen.

Tödlicher Unfall nach illegalem Autorennen

Die Traditionsbäckerei "Friedrich" in der Friedberger Landstraße in Frankfurt am Main gleicht einem Trümmerfeld. Der Fahrer eines Porsche 911 hat in der Nacht von Freitag auf Samstag bei einem illegalen Autorennen die Kontrolle über sein Auto verloren. Der Gummiabrieb der Reifen zieht sich von der Kreuzung der Rohrbachstraße bis zur Bäckerei. Mit großer Geschwindigkeit ist der Porsche frontal durch die Schaufensterscheiben der Bäckerei geflogen und hat eine Spur der Verwüstung hinterlassen. Von außen betrachtet sieht es vor der Bäckerei aus, als hätte es einen Bombenanschlag gegeben. Autoteile, Glasscherben und Kleidungsstücke liegen herum.

Die Polizei wird von den Anwohnern informiert und trifft bereits sieben Minuten nach dem tragischen Unfall in der Friedberger Landstraße ein. Der Porsche ist völlig demoliert und der Fahrer lebt zu diesem Zeitpunkt bereits nicht mehr. Er wurde aus dem Wagen durch die Frontscheibe geschleudert. Die Polizisten vermuten, dass der Fahrer nicht angeschnallt war. Der Beifahrer konnte einige Minuten später von der Feuerwehr mit schwerem Gerät geborgen werden. Mit schweren Verletzungen wurde er in ein naheliegendes Krankenhaus transportiert.

Anwohner sind fassungslos. Es ist bereits das dritte Straßenrennen im letzten halben Jahr. "Wie kann man auf die Idee kommen, mitten in einer Großstadt ein Autorennen zu veranstalten?", fragt sich eine ältere Dame, die durch den Unfall aus dem Schlaf gerissen wurde. Weitere Fahrer, die an dem Straßenrennen beteiligt waren, konnten bis jetzt nicht ausfindig gemacht werden.

1. Wie heißt die Traditionsbäckerei in der Friedberger Landstraße?

   - ○ a) Friesch
   - ○ b) Fliegrich
   - ○ c) Friedrich
   - ○ d) Niedlich
   - ○ e) Friedberg

2. Von wo bis wo zieht sich der Gummiabrieb des Autos?

- ◯ a) Von der Friedberger Landstraße bis zur Bäckerei
- ◯ b) Von der Haltestelle Rohrbachstraße bis zur Bäckerei
- ◯ c) Von der Kreuzung der Rohrbachstraße bis zur Bäckerei
- ◯ d) Von der Kreuzung der Rohrbachstraße bis zur Friedberger Landstraße
- ◯ e) Von der Bäckerei bis zur Friedberger Landstraße

3. Laut einer Anwohnerin war es das dritte Straßenrennen...

- ◯ a) ...im letzten Jahr.
- ◯ b) ...im letzten halben Jahr.
- ◯ c) ...im letzten Quartal.
- ◯ d) ...im letzten Monat.
- ◯ e) ...in der letzten Woche.

4. Wie war der genaue Wortlaut im Text?

- ◯ a) Das Auto ist völlig demoliert und der Fahrer lebt zu diesem Zeitpunkt bereits nicht mehr. Er wurde aus dem Wagen durch die Frontscheibe geschleudert.
- ◯ b) Der Porsche ist völlig demoliert und der Fahrer lebt zu diesem Zeitpunkt bereits nicht mehr. Er wurde aus dem Wagen durch die Frontscheibe geschleudert.
- ◯ c) Der Porsche ist völlig demoliert und der Beifahrer lebt zu diesem Zeitpunkt bereits nicht mehr. Er wurde aus dem Wagen durch die Frontscheibe geschleudert.
- ◯ d) Der Porsche ist völlig demoliert und der Fahrer lebt zu diesem Zeitpunkt bereits nicht mehr. Er wurde aus dem Wagen durch die Rückfenster geschleudert.
- ◯ e) Der Porsche ist völlig demoliert und der Fahrer lebt zu diesem Zeitpunkt allerdings noch. Er wurde aus dem Wagen durch die Frontscheibe geschleudert.

5. Was liegt alles an der Unfallstelle herum?

○ a) Autoteile, Glasscherben, Kleidungsstücke und Metallteile

○ b) Plastikteile, Glasscherben und Kleidungsstücke

○ c) Autoteile, Glasscherben und Plastikteile

○ d) Autoteile, Plastikteile und Kleidungsstücke

○ e) Autoteile, Glasscherben und Kleidungsstücke

6. Wann trifft die Polizei am Unfallort ein?

○ a) Nach 4 Minuten

○ b) Nach 5 Minuten

○ c) Nach 6 Minuten

○ d) Nach 7 Minuten

○ e) Nach 17 Minuten

7. Wann geschah der Unfall?

○ a) In der Nacht von Freitag auf Samstag

○ b) In der Nacht von Samstag auf Sonntag

○ c) In der Nacht von Sonntag auf Montag

○ d) In der Nacht von Donnerstag auf Freitag

○ e) In der Nacht von Mittwoch auf Donnerstag

8. In welcher Stadt befindet sich der Unfallort?

○ a) München

○ b) Hamburg

○ c) Frankfurt

○ d) Berlin

○ e) Dresden

9. Inwiefern hat der Porsche die Bäckerei beschädigt?

- ◯ a) Der Porsche flog frontal durch die Schaufensterscheibe der Bäckerei.
- ◯ b) Der Porsche streifte an der Wand bis zum Eingang der Bäckerei.
- ◯ c) Der Porsche geriet ins schleudern und zerstörte dabei die Eingangstür der Bäckerei.
- ◯ d) Der Porsche hinterließ keine Spur der Verwüstung.
- ◯ e) Der Porsche explodierte.

10. Als die Polizei am Unfallort eintrifft...

- ◯ a) ...lebt der Fahrer noch und wird mit schweren Verletzungen ins Krankenhaus transportiert.
- ◯ b) ...ist der Fahrer bereits tot.
- ◯ c) ...ist der Fahrer glücklicherweise unverletzt.
- ◯ d) ...ist der Fahrer geflüchtet.

11. Um was für ein Fahrzeug handelt es sich bei dem Unfall?

- ◯ a) Porsche 991
- ◯ b) Porsche 911
- ◯ c) 1er BMW
- ◯ d) Mercedes Benz A-Klasse
- ◯ e) VW Arteon

12. Was sind Vermutungen der Polizei zum Tod des Opfers?

- ◯ a) Der Fahrer war betrunken.
- ◯ b) Der Fahrer war nicht angeschnallt.
- ◯ c) Der Fahrer hat während des Fahrens telefoniert.
- ◯ d) Der Fahrer hat Drogen konsumiert.
- ◯ e) Der Fahrer ist eingeschlafen.

13. Was ist der Name des Fahrers?

- ○ a) Friedrich
- ○ b) Friedberger
- ○ c) keine Angabe
- ○ d) Friedhelm
- ○ e) Frederik

14. Von wem stammt diese Aussage: "Wie kann man auf die Idee kommen, mitten in einer Großstadt ein Autorennen zu veranstalten?"

- ○ a) Von einer Studentin
- ○ b) Von einer älteren Dame
- ○ c) Von einem älteren Herren
- ○ d) Von einem jungen Mann
- ○ e) Von einem Sanitäter

15. Wie war der genaue Wortlaut im Text?

- ○ a) Anwohner sind aufgebracht.
- ○ b) Anwohner sind wütend.
- ○ c) Anwohner sind traurig.
- ○ d) Anwohner sind schockiert.
- ○ e) Anwohner sind fassungslos.

8.1.23 Lösungen: Zeitungsbericht verstehen

Aufgabe	Lösung	Aufgabe	Lösung	Aufgabe	Lösung
1.		2.	c)	3.	c)
4.	b)	5.	b)	6.	e)
7.	d)	8.	a)	9.	c)
10.	a)	11.	b)	12.	b)
13.	b)	14.	c)	15.	b)
16.	e)				

Lösungen der Auswahl-Fragen.

8.1.24 Test: Pronomen

1. Ersetze das in Klammern gesetzte Nomen durch das passende Pronomen.

   [Die Frau] geht zum Einkaufen.

   ______ geht zum Einkaufen.

2. Ersetze das in Klammern gesetzte Nomen durch das passende Pronomen.

   Heute scheint [die Sonne] warm.

   Heute scheint ______ warm.

3. Ersetze das in Klammern gesetzte Nomen durch das passende Pronomen.

   In dieser Hitze können selbst [die Einheimischen] nicht schlafen.

   In dieser Hitze können selbst ______ nicht schlafen.

4. Ersetze das in Klammern gesetzte Nomen durch das passende Pronomen.

   Auf dem Feld hoppelt [das Kaninchen] davon.

   Auf dem Feld hoppelt ____ davon.

5. Ersetze das in Klammern gesetzte Nomen durch das passende Pronomen.

   Am Abend geht [der Mond] hinter der Scheune auf.

   Am Abend geht ____ hinter der Scheune auf.

6. Ersetze das in Klammern gesetzte Nomen durch das passende Pronomen.

   [Klaus und Johannes] spielen gerade auf dem Tennisplatz.

   ______ spielen gerade auf dem Tennisplatz.

7. Ersetze das in Klammern gesetzte Nomen durch das passende Pronomen.

   [Das Klavier] steht im Gästezimmer.

   ____ steht im Gästezimmer.

8. Ersetze das in Klammern gesetzte Nomen durch das passende Pronomen.

   Immer vergisst [der Junge] sein Schulbuch unter dem Tisch.

   Immer vergisst ____ sein Schulbuch unter dem Tisch.

9. Ersetze das in Klammern gesetzte Nomen durch das passende Pronomen.

   [Der Feuerwehrmann] klettert [den Baum] hoch.

   ____ klettert ______ hoch.

10. Ersetze das in Klammern gesetzte Nomen durch das passende Pronomen.

    [Martina und ich] sind zum Eis essen verabredet.

    ______ sind zum Eis essen verabredet.

11. Ersetze das in Klammern gesetzte Nomen durch das passende Pronomen.

    [Avan und ich] werden uns nächste Woche beim Klassentreffen wiedersehen.

    ______ werden uns nächste Woche beim Klassentreffen wiedersehen.

12. Ersetze das in Klammern gesetzte Nomen durch das passende Pronomen.

    [Die Wanderer] erklimmen [den Berggipfel].

    ______ erklimmen ______.

13. Ersetze das in Klammern gesetzte Nomen durch das passende Pronomen.

    [Das Pferd] frisst [die Karotten und Äpfel].

    ____ frisst ______.

14. Ersetze das in Klammern gesetzte Nomen durch das passende Pronomen.

    [Der Schiedsrichter] erteilt [dem Fußballspieler] aufgrund eines Fouls einen Platzverweis.

    ____ erteilt ______ aufgrund eines Fouls einen Platzverweis.

15. Ersetze das in Klammern gesetzte Nomen durch das passende Pronomen.

    [Der Nikolaus] gibt [den Kindern] Obst und Süßigkeiten.

    ____ gibt __________ Obst und Süßigkeiten.

16. Finde das passende Pronomen für die Lücke.

    Max ist heute bei [...] Basketballverein.

    ☐ a) seinem

    ☐ b) uns

    ☐ c) ihm

    ☐ d) meine

17. Finde das passende Pronomen für die Lücke.

    Die Mitglieder sagen, dass [...] Chor richtig gut ist und viel Spaß macht.

    ☐ a) unser

    ☐ b) deiner

    ☐ c) ihren

    ☐ d) seine

18. Finde das passende Pronomen für die Lücke.

    Hi! Kommst [...] heute auch mit zum Eis essen?

    ☐ a) du

    ☐ b) er

    ☐ c) sie

    ☐ d) wir

19. Finde das passende Pronomen für die Lücke.

    Heute hat Sina Geburtstag. Das Geschenk wird [...] sicher gut gefallen.

    ☐ a) ihr

    ☐ b) ihnen

    ☐ c) sie

    ☐ d) uns

20. Finde das passende Pronomen für die Lücke.

    Hanni und Nanni, sind das [...] Eltern?

    ☐ a) eure

    ☐ b) seine

    ☐ c) ihr

    ☐ d) deine

21. Finde das passende Pronomen für die Lücke.

    Morgen treffen wir [...] Freunde.

    ☐ a) unsere

    ☐ b) seine

    ☐ c) mein

    ☐ d) wir

22. Finde das passende Pronomen für die Lücke.

    [...] denke, dass das keine gute Idee ist.

    ☐ a) Ich

    ☐ b) Du

    ☐ c) Sie

    ☐ d) Wir

23. Finde das passende Pronomen für die Lücke.

    Was hältst [...] von Tanjas neuem Freund?

    ☐ a) du

    ☐ b) sie

    ☐ c) er

    ☐ d) ihr

24. Finde das passende Pronomen für die Lücke.

    Kennst [...] das Gebäude auf dem Foto?

    ☐ a) du

    ☐ b) ich

    ☐ c) sie

    ☐ d) wir

25. Finde das passende Pronomen für die Lücke.

    Seit neuestem spiele [...] gerne Minecraft.

    ☐ a) ich

    ☐ b) du

    ☐ c) sie

    ☐ d) wir

26. Finde das passende Pronomen für die Lücke.

    Mein Bruder wünscht [...] ein neues Fahrrad.

    ☐ a) sich

    ☐ b) mich

    ☐ c) uns

    ☐ d) ihm

27. Finde das passende Pronomen für die Lücke.

    Der Zug fährt gleich ab, ich muss [...] beeilen.

    ☐ a) mich

    ☐ b) dich

    ☐ c) sich

    ☐ d) uns

28. Finde das passende Pronomen für die Lücke.

    Freust du [...] schon auf deinen Urlaub auf den Philippinen.

    ☐ a) dich

    ☐ b) mich

    ☐ c) sich

    ☐ d) uns

29. Finde das passende Pronomen für die Lücke.

    Wir interessieren [...] nicht für das Fußballspiel.

    ☐ a) uns

    ☐ b) dich

    ☐ c) sich

    ☐ d) eure

8.1.25 Lösungen: Pronomen

Aufgabe	Lösung
1.	[Sie] geht zum Einkaufen.
2.	Heute scheint [sie] warm.
3.	In dieser Hitze können selbst [sie] nicht schlafen.
4.	Auf dem Feld hoppelt [es] davon.
5.	Am Abend geht [er] hinter der Scheune auf.
6.	[Sie] spielen gerade auf dem Tennisplatz.
7.	[Es] steht im Gästezimmer.
8.	Immer vergisst [er] sein Schulbuch unter dem Tisch.
9.	[Er] klettert [ihn] hoch.
10.	[Wir] sind zum Eis essen verabredet.
11.	[Wir] werden uns nächste Woche beim Klassentreffen wiedersehen.
12.	[Sie] erklimmen [ihn] .
13.	[Es] frisst [sie] .
14.	[Er] erteilt [ihm] aufgrund eines Fouls einen Platzverweis.
15.	[Er] gibt [ihnen] Obst und Süßigkeiten.

Lösungen der Text-Aufgaben.

Aufgabe	Lösung	Aufgabe	Lösung	Aufgabe	Lösung
16.	a)	17.	a)	18.	a)
19.	a)	20.	a), b), d)	21.	a), b)
22.	a)	23.	a)	24.	a)
25.	a)	26.	a)	27.	a)
28.	a)	29.	a)		

Lösungen der Auswahl-Fragen.

8.1.26 Test: Fremdwörter/Schwierige Wörter 1

1. Welche Schreibweise ist korrekt?

   ☐ a) Komandeur

   ☐ b) Kommandeur

   ☐ c) Kommandöhr

   ☐ d) Komandöhr

2. Welche Schreibweise ist korrekt?

   ☐ a) Author

   ☐ b) Autohr

   ☐ c) Autor

   ☐ d) Auttor

3. Welche Schreibweise ist korrekt?

   ☐ a) brilant

   ☐ b) brilliant

   ☐ c) briliant

   ☐ d) brillant

4. Welche Schreibweise ist korrekt?

- ☐ a) Burgverlies
- ☐ b) Burgverließ
- ☐ c) Burgverliehs
- ☐ d) Burgverliess

5. Welche Schreibweise ist korrekt?

- ☐ a) Fittness
- ☐ b) Fitness
- ☐ c) Fitnes
- ☐ d) Fittnes

6. Welche Schreibweise ist korrekt?

- ☐ a) Gallionsfigur
- ☐ b) Galionfigur
- ☐ c) Galionsfigur
- ☐ d) Gallionfigur

7. Welche Schreibweise ist korrekt?

- ☐ a) Gallerie
- ☐ b) Galerrie
- ☐ c) Gallery
- ☐ d) Galerie

8. Welche Schreibweise ist korrekt?

☐ a) in wie weit

☐ b) in wieweit

☐ c) in wie Weit

☐ d) inwieweit

9. Welche Schreibweise ist korrekt?

☐ a) gegebenfalls

☐ b) gegebenenfalls

☐ c) gegebenenfals

☐ d) gegebenen falls

10. Welche Schreibweise ist korrekt?

☐ a) Komittee

☐ b) Kommitee

☐ c) Komitee

☐ d) Kommittee

11. Welche Schreibweise ist korrekt?

☐ a) Kenntnis

☐ b) Kentniss

☐ c) Kenntniss

☐ d) Kentnis

12. Welche Schreibweise ist korrekt?

☐ a) kollossal

☐ b) kolossal

☐ c) kollosal

☐ d) kolosal

13. Welche Schreibweise ist korrekt?

☐ a) Kreissaal

☐ b) Kreißsaal

☐ c) Kreißaal

☐ d) Kreisssaal

14. Welche Schreibweise ist korrekt?

☐ a) lizensieren

☐ b) lizenziehren

☐ c) lizenzieren

☐ d) lizensiehren

15. Welche Schreibweise ist korrekt?

☐ a) morgentlich

☐ b) Morgentlich

☐ c) morgendlich

☐ d) morgenlich

16. Welche Schreibweise ist korrekt?

- ☐ a) noch Mal
- ☐ b) nochmal
- ☐ c) nochmahl
- ☐ d) noch mal

17. Welche Schreibweise ist korrekt?

- ☐ a) rechthaben
- ☐ b) recht haben
- ☐ c) recht habn
- ☐ d) Recht haben

18. Welche Schreibweise ist korrekt?

- ☐ a) ein Mal
- ☐ b) ein-mal
- ☐ c) einmal
- ☐ d) einmahl

19. Welche Schreibweise ist korrekt?

- ☐ a) derselbe
- ☐ b) der Selbe
- ☐ c) dersselbe
- ☐ d) derselbbe

20. Welche Schreibweise ist korrekt?

☐ a) Ressüme

☐ b) Resoumé

☐ c) Resomee

☐ d) Resümee

21. Welche Schreibweise ist korrekt?

☐ a) Rethorik

☐ b) Retorik

☐ c) Rhethorik

☐ d) Rhetorik

22. Welche Schreibweise ist korrekt?

☐ a) unter Anderem

☐ b) unter anderem

☐ c) unter Anderm

☐ d) unter anderm

23. Welche Schreibweise ist korrekt?

☐ a) vermeindlich

☐ b) fermeintlich

☐ c) vermeintlich

☐ d) fermeindlich

24. Welche Schreibweise ist korrekt?

- ☐ a) wiederfahren
- ☐ b) widerfahren
- ☐ c) widerfaren
- ☐ d) wiederfaren

25. Welche Schreibweise ist korrekt?

- ☐ a) wiederrum
- ☐ b) widerum
- ☐ c) wiederum
- ☐ d) widerrum

8.1.27 Lösungen: Fremdwörter/Schwierige Wörter 1

Aufgabe	Lösung	Aufgabe	Lösung	Aufgabe	Lösung
1.	b)	2.	c)	3.	d)
4.	a)	5.	b)	6.	c)
7.	d)	8.	d)	9.	b)
10.	c)	11.	a)	12.	b)
13.	b)	14.	c)	15.	c)
16.	b), d)	17.	b), d)	18.	c)
19.	a)	20.	d)	21.	d)
22.	b)	23.	c)	24.	b)
25.	c)				

Lösungen der Auswahl-Fragen.

8.1.28 Test: Fremdwörter/Schwierige Wörter 2

1. Welche Schreibweise ist korrekt?

   ☐ a) zum Einen ... zum Anderen

   ☐ b) zum Einen ... zum anderen

   ☐ c) zum einen ... zum anderen

   ☐ d) zum einen ... zum Anderen

2. Welche Schreibweise ist korrekt?

   ☐ a) zartbesaitet

   ☐ b) zart beseitet

   ☐ c) zartbeseitet

   ☐ d) zart besaitet

3. Welche Schreibweise ist korrekt?

   ☐ a) zur Zeit

   ☐ b) zurzeit

   ☐ c) zurtszeit

   ☐ d) zurtseit

4. Welche Schreibweise ist korrekt?

   ☐ a) zugrundeliegen

   ☐ b) zu grunde liegen

   ☐ c) zu Grunde liegen

   ☐ d) zugrunde liegen

5. Welche Schreibweise ist korrekt?

☐ a) zuwider

☐ b) zuwieder

☐ c) zu wider

☐ d) zu wieder

6. Welche Schreibweise ist korrekt?

☐ a) werifizieren

☐ b) verifiziren

☐ c) verifizieren

☐ d) veriefizieren

7. Welche Schreibweise ist korrekt?

☐ a) polerisieren

☐ b) polarisiren

☐ c) polariesieren

☐ d) polarisieren

8. Welche Schreibweise ist korrekt?

☐ a) Dekoletee

☐ b) Dekolletee

☐ c) Dekolleté

☐ d) Dekoltee

9. Welche Schreibweise ist korrekt?

☐ a) ämpirisch

☐ b) empierisch

☐ c) empirisch

☐ d) empiriche

10. Welche Schreibweise ist korrekt?

☐ a) narzistisch

☐ b) nazisstisch

☐ c) nazistisch

☐ d) narzisstisch

11. Welche Schreibweise ist korrekt?

☐ a) akreditieren

☐ b) akkreditieren

☐ c) akkredietieren

☐ d) akredietieren

12. Welche Schreibweise ist korrekt?

☐ a) Status Quo

☐ b) Status quo

☐ c) Statusquo

☐ d) status quo

13. Welche Schreibweise ist korrekt?

☐ a) apropos

☐ b) a propos

☐ c) àpropos

☐ d) à propos

14. Welche Schreibweise ist korrekt?

☐ a) Porte-Monnaie

☐ b) Portmoneh

☐ c) Portemonnaie

☐ d) Potmanee

15. Welche Schreibweise ist korrekt?

☐ a) Barock

☐ b) Barrock

☐ c) Barok

☐ d) Barrok

16. Welche Schreibweise ist korrekt?

☐ a) Bagattelle

☐ b) Baggatelle

☐ c) Bagattele

☐ d) Bagatelle

17. Welche Schreibweise ist korrekt?

- ☐ a) deschiffrieren
- ☐ b) dechiffrieren
- ☐ c) deschifrieren
- ☐ d) dechifrieren

18. Welche Schreibweise ist korrekt?

- ☐ a) Debatte
- ☐ b) Debbatte
- ☐ c) Debate
- ☐ d) Dehbatte

19. Welche Schreibweise ist korrekt?

- ☐ a) supsidiär
- ☐ b) subsidiähr
- ☐ c) sub-sidiär
- ☐ d) subsidiär

20. Welche Schreibweise ist korrekt?

- ☐ a) ädaquat
- ☐ b) adäquat
- ☐ c) adequat
- ☐ d) adequad

21. Welche Schreibweise ist korrekt?

☐ a) Kabarrett

☐ b) Kabarret

☐ c) Kabarett

☐ d) Kabaret

22. Welche Schreibweise ist korrekt?

☐ a) dekardent

☐ b) dekadent

☐ c) decadent

☐ d) decardent

23. Welche Schreibweise ist korrekt?

☐ a) Karussell

☐ b) Karussel

☐ c) Karrussell

☐ d) Karusell

24. Welche Schreibweise ist korrekt?

☐ a) obosleht

☐ b) obsoleet

☐ c) obsolet

☐ d) opsoleet

8.1.29 Lösungen: Fremdwörter/Schwierige Wörter 2

Aufgabe	Lösung	Aufgabe	Lösung	Aufgabe	Lösung
1.	c)	2.	a), d)	3.	b)
4.	d)	5.	a)	6.	c)
7.	d)	8.	b), c)	9.	c)
10.	d)	11.	b)	12.	b)
13.	a)	14.	c)	15.	a)
16.	d)	17.	b)	18.	a)
19.	d)	20.	b)	21.	c)
22.	b)	23.	a)	24.	c)

Lösungen der Auswahl-Fragen.

8.1.30 Test: Fremdwörter/Schwierige Wörter 3

1. Welche Schreibweise ist korrekt?

   ◯ a) der haken an der sache

   ◯ b) der Haken an der sache

   ◯ c) der haken an der Sache

   ◯ d) der Haken an der Sache

2. Welche Schreibweise ist korrekt?

   ◯ a) Konfesion

   ◯ b) Konnfession

   ◯ c) Konfession

   ◯ d) Konffesion

3. Welche Schreibweise ist korrekt?

   - ○ a) verschwitzt
   - ○ b) verschwizt
   - ○ c) verschwitz
   - ○ d) verschwisd

4. Welche Schreibweise ist korrekt?

   - ○ a) antiziepieren
   - ○ b) antitzipieren
   - ○ c) antizipiren
   - ○ d) antizipieren

5. Welche Schreibweise ist korrekt?

   - ○ a) Seufza
   - ○ b) Seofzer
   - ○ c) Seufzer
   - ○ d) Seufzar

6. Welche Schreibweise ist korrekt?

   - ○ a) eschauffieren
   - ○ b) echauffieren
   - ○ c) echaufieren
   - ○ d) eschaufieren

7. Welche Schreibweise ist korrekt?

- ◯ a) resolot
- ◯ b) resulut
- ◯ c) resulot
- ◯ d) resolut

8. Welche Schreibweise ist korrekt?

- ◯ a) extrovertiert
- ◯ b) ekstrovertiert
- ◯ c) extrovertirt
- ◯ d) extrouvertiert

9. Welche Schreibweise ist korrekt?

- ◯ a) Seelen ruhig
- ◯ b) seelenruig
- ◯ c) seelenruhig
- ◯ d) selenruhig

10. Welche Schreibweise ist korrekt?

- ◯ a) implitzieren
- ◯ b) implizieren
- ◯ c) inplizieren
- ◯ d) impliezieren

11. Welche Schreibweise ist korrekt?

    - ○ a) konstruktif
    - ○ b) kongstruktiv
    - ○ c) komstruktiv
    - ○ d) konstruktiv

12. Welche Schreibweise ist korrekt?

    - ○ a) Finsternüs
    - ○ b) Finsternis
    - ○ c) Vinsternis
    - ○ d) Fünsternis

13. Welche Schreibweise ist korrekt?

    - ○ a) ruig
    - ○ b) ruhik
    - ○ c) ruhig
    - ○ d) ruhieg

14. Welche Schreibweise ist korrekt?

    - ○ a) Rinnsaal
    - ○ b) Rinnsahl
    - ○ c) Rimsal
    - ○ d) Rinnsal

15. Welche Schreibweise ist korrekt?

- ◯ a) wider Erwarten
- ◯ b) wieder Erwarten
- ◯ c) widererwarten
- ◯ d) wiedererwarten

16. Welche Schreibweise ist korrekt?

- ◯ a) Dilikt
- ◯ b) Dehlikt
- ◯ c) Delikt
- ◯ d) Dielikt

17. Welche Schreibweise ist korrekt?

- ◯ a) Imigrant
- ◯ b) Immigrant
- ◯ c) Imigrand
- ◯ d) Imigrannt

18. Welche Schreibweise ist korrekt?

- ◯ a) früh morgens
- ◯ b) frühmorgens
- ◯ c) früh Morgens
- ◯ d) frümorgens

19. Welche Schreibweise ist korrekt?

- ◯ a) Subvenzion
- ◯ b) Supvention
- ◯ c) Supvenzion
- ◯ d) Subvention

20. Welche Schreibweise ist korrekt?

- ◯ a) ausgibig
- ◯ b) ausgebig
- ◯ c) ausgiebig
- ◯ d) ausgibieg

21. Welche Schreibweise ist korrekt?

- ◯ a) Rezession
- ◯ b) Rezesion
- ◯ c) Ressezion
- ◯ d) Retzesion

22. Welche Schreibweise ist korrekt?

- ◯ a) Schnur stracks
- ◯ b) schnurschracks
- ◯ c) schnurstraks
- ◯ d) schnurstracks

23. Welche Schreibweise ist korrekt?

- ◯ a) Ruhte
- ◯ b) Route
- ◯ c) Ruote
- ◯ d) Ruohte

24. Welche Schreibweise ist korrekt?

- ◯ a) agressiv
- ◯ b) aggresiv
- ◯ c) aggressiv
- ◯ d) agresiv

25. Wie lautet die korrekte Schreibweise?

- ◯ a) infolgedessen
- ◯ b) in Folge dessen
- ◯ c) in Folge Dessen
- ◯ d) infolge dessen

8.1.31 Lösungen: Fremdwörter/Schwierige Wörter 3

Aufgabe	Lösung	Aufgabe	Lösung	Aufgabe	Lösung
1.	d)	2.	c)	3.	a)
4.	d)	5.	c)	6.	b)
7.	d)	8.	a)	9.	c)
10.	b)	11.	d)	12.	b)
13.	c)	14.	d)	15.	a)
16.	c)	17.	b)	18.	b)
19.	d)	20.	c)	21.	a)
22.	d)	23.	b)	24.	c)
25.	a)				

Lösungen der Auswahl-Fragen.

8.2 Lückentexte

Lückentexte bzw. Satzergänzungen begegnen uns immer wieder im Leben. In der Schule, in Auswahlverfahren für eine Ausbildungsstelle, ein Studium oder einen Job, in Kreuzworträtseln oder in Gewinnspielen. Gerade, weil Lückentexte beim Erlernen einer neuen Sprache oder bei diversen Einstellungstests oftmals eine wichtige Rolle spielen, gehen wir im Folgenden näher auf diese Satzergänzungen ein.

8.2.1 Was sind Lückentexte?

Bei Lückentexten handelt es sich um Texte, aus denen entweder Buchstaben, Silben, ganze Wörter oder Teile von Wörtern herausgenommen wurden. Dies bedeutet, dass in einem Originaltext gewisse Lücken entstanden sind. Die Aufgabe des Lernenden ist es, diese Lücken wieder sinnvoll zu füllen – dabei gilt es u. a. auch auf die richtige Zeitform oder andere grammatikalische Besonderheiten zu achten.

Bereits in der dritten Klasse verwenden Deutschlehrerinnen und Deutschlehrer in der Schule Lückentexte, um den Wortschatz der Schülerinnen und Schüler auf die Probe zu stellen. Mit dem Lückenfüller wird allerdings nicht nur der Wortschatz geprüft. Es ist auch eine gute Übung für die Grammatik und das Textverständnis. Mit Lückentexten deckt man somit eine enorme Bandbreite der Sprachkenntnis ab.

8.2.2 Lernziele von Lückentexte sind u. a.:

- Förderung des Lese- und Textverständnisses
- Ausbau des Wortschatzes
- gezieltes Trainieren bestimmter grammatikalischer Phänomene einer Sprache

8.2.3 Aufbau eines Lückentext-Tests

Ein Lückentext-Test gleicht in den Grundzügen stets einem anderen, denn bei jedem Lückentext gilt es sprachliche Aussparungen sinnvoll zu füllen. Wodurch sich Lückentexte jedoch durchaus unterscheiden können, ist die Angabe der einzutragenden Satzfragmente. So können beispielsweise in dem einen Test die Lückenfüller bereits vorgegeben sein (wenn auch in einer falschen grammatikalischen Form), in einem anderen jedoch nicht. Im zweiteren Fall gilt es die entsprechenden Satzfüller aus dem Kontext des Textes eigenständig zu erschließen.

Ein weiterer Unterschied von Lückentest zu Lückentest kann in der Anzahl der Lösungen liegen.

So verlangen einige Tests lediglich eine Lösung, andere wiederum erfragen nach Zusammenhängen, bei denen mehrere Lösungen denkbar sind.

Bei unseren Aufgaben haben wir wechselweise Pronomen, Verben, Adjektive, Subjekte, Genitive, Akkusative, Artikel und / oder Appositionen verwendet, um so einen großen Teilbereich der deutschen Sprache mit unseren Übungsaufgaben abzudecken.

8.2.4 Tipps zum Ausfüllen eines Lückentextes

Bekanntlich macht Übung stets den Meister. Doch bei deinen Übungen werden dir diese Tipps sicherlich weiterhelfen:

1. Lies den Text genau durch.
2. Trage zunächst die dir bekannten Wörter ein.
3. Achte beim Ausfüllen auf grammatikalische Besonderheiten (Zeitformen, Einzahl oder Mehrzahl, ...).
4. Kontrolliere nach dem Einfüllen einer Lücke die inhaltliche Korrektheit des Textes.

8.2.5 Test: Aggressives Verhalten im Diskurs

Fülle die Lücke aus, während du dir den Text anhörst. Bitte setze nach jedem Komma ein Leerzeichen. Achte gegebenenfalls auch auf die Zeichensetzung in der Satzmitte oder am Satzende.

1. Scanne den QR Code, um zur Audio-Datei zu gelangen:

   ____

2. Scanne den QR Code, um zur Audio-Datei zu gelangen:

   Leider kann man sich auf diese Volksweisheit nicht immer ______________ wenn es um Menschen geht.

3. Scanne den QR Code, um zur Audio-Datei zu gelangen:

_________________________ Verhalten beginnt zwar oftmals auf verbaler Ebene, kann jedoch schnell eskalieren, wenn man nicht angemessen darauf reagiert.

4. Scanne den QR Code, um zur Audio-Datei zu gelangen:

Es ist wie das berühmte Fass, das letztendlich überläuft, ohne dass man es als ____ ___________________________ verhindern kann.

5. Scanne den QR Code, um zur Audio-Datei zu gelangen:

Doch worin liegen eigentlich die Gründe für Aggressivität? Und welche Techniken der ________________________________ gibt es?

6. Scanne den QR Code, um zur Audio-Datei zu gelangen:

Gefühle von Ärger und __________ sind durchaus menschlich.

7. Scanne den QR Code, um zur Audio-Datei zu gelangen:

Mögliche Ursachen können Ängste, ____________________ im Beruf, Probleme in der Beziehung oder eine allgemeine Unzufriedenheit mit der aktuellen Lebenssituation sein.

8. Scanne den QR Code, um zur Audio-Datei zu gelangen:

____

9. Scanne den QR Code, um zur Audio-Datei zu gelangen:

Und dass wir dazu neigen, diese gerade an Menschen auszulassen, ______________ ____________________________ ist ein weit verbreitetes Phänomen.

10. Scanne den QR Code, um zur Audio-Datei zu gelangen:

Handelt es sich dabei lediglich um ___________________ wie Wortkargheit oder unwirsche Antworten, so lassen sich diese vielleicht noch als vorübergehende Stimmung tolerieren.

11. Scanne den QR Code, um zur Audio-Datei zu gelangen:

Kommt es jedoch zu lautstarken ______________________________ ______________________________ so wird auch schnell die Grenze hin zu tätlichen Angriffen überschritten.

12. Scanne den QR Code, um zur Audio-Datei zu gelangen:

Den Opfern dieser ______________________________ wird es kein Trost sein, dass diese in der Regel vollkommen willkürlich erfolgen und dass die Täter damit lediglich eine tiefe Frustration zum Ausdruck bringen.

13. Scanne den QR Code, um zur Audio-Datei zu gelangen:

Vielmehr erschwert diese Tatsache noch die ______________________________

____

14. Scanne den QR Code, um zur Audio-Datei zu gelangen:

Eine angemessene Reaktion auf aggressives Verhalten erfordert viel ________________

____

____

15. Scanne den QR Code, um zur Audio-Datei zu gelangen:

Denn während es in einigen Fällen hilft ruhig zu bleiben und beschwichtigend auf den Täter einzureden, kann diese Strategie in anderen Situationen noch zur ________
____

Aufgabe	Lösung
1.	[Hunde, die bellen, beißen nicht. / Hunde, die bellen, beissen nicht.]
2.	Leider kann man sich auf diese Volksweisheit nicht immer [verlassen,] wenn es um Menschen geht.
3.	[Aggressives] Verhalten beginnt zwar oftmals auf verbaler Ebene, kann jedoch schnell eskalieren, wenn man nicht angemessen darauf reagiert.
4.	Es ist wie das berühmte Fass, das letztendlich überläuft, ohne dass man es als [Außenstehender / Aussenstehender] verhindern kann.
5.	Doch worin liegen eigentlich die Gründe für Aggressivität? Und welche Techniken der [Beschwichtigung] gibt es?
6.	Gefühle von Ärger und [Unmut] sind durchaus menschlich.
7.	Mögliche Ursachen können Ängste, [Misserfolg] im Beruf, Probleme in der Beziehung oder eine allgemeine Unzufriedenheit mit der aktuellen Lebenssituation sein.
8.	[In seiner leichtesten Ausformung wird dieser Zustand oftmals als schlechte Laune bezeichnet.]
9.	Und dass wir dazu neigen, diese gerade an Menschen auszulassen, [die uns nahe stehen, / die uns nahestehen,] ist ein weit verbreitetes Phänomen.
10.	Handelt es sich dabei lediglich um [Symptome / Symptome,] wie Wortkargheit oder unwirsche Antworten, so lassen sich diese vielleicht noch als vorübergehende Stimmung tolerieren.
11.	Kommt es jedoch zu lautstarken [Auseinandersetzungen und Beleidigungen / Auseinandersetzungen und Beleidigungen,] so wird auch schnell die Grenze hin zu tätlichen Angriffen überschritten.
12.	Den Opfern dieser [Gewaltausbrüche] wird es kein Trost sein, dass diese in der Regel vollkommen willkürlich erfolgen und dass die Täter damit lediglich eine tiefe Frustration zum Ausdruck bringen.

Lösungen der Text-Aufgaben.

Aufgabe	Lösung
13.	Vielmehr erschwert diese Tatsache noch die [mentale und psychische Verarbeitung einer Gewalterfahrung.]
14.	Eine angemessene Reaktion auf aggressives Verhalten erfordert viel [[Fingerspitzengefühl und Einfühlungsvermögen.] [Fingerspitzengefühl und Einfühlungsvermögen]]
15.	Denn während es in einigen Fällen hilft ruhig zu bleiben und beschwichtigend auf den Täter einzureden, kann diese Strategie in anderen Situationen noch zur [Eskalation führen.]

Lösungen der Text-Aufgaben.

8.2.6 Test: Bevölkerung

Fülle die Lücke aus, während du dir den Text anhörst.

Bitte setze nach jedem Komma ein Leerzeichen. Achte gegebenenfalls auch auf die Zeichensetzung in der Satzmitte oder am Satzende.

1. Scanne den QR Code, um zur Audio-Datei zu gelangen:

   Seit zwei ____________________ Jahren leben Menschen auf der Erde.

2. Scanne den QR Code, um zur Audio-Datei zu gelangen:

   Lange stieg die Bevölkerungszahl kaum an, da sich Geburten- und Sterberaten ____________________

3. Scanne den QR Code, um zur Audio-Datei zu gelangen:

In jüngster Zeit führten Fortschritte in der Medizin und in der Landwirtschaft dazu
____

4. Scanne den QR Code, um zur Audio-Datei zu gelangen:

So kam es zu einem ______________________ der Weltbevölkerung in den letzten 150 Jahren.

5. Scanne den QR Code, um zur Audio-Datei zu gelangen:

Heute leben mehr als sieben ______________________________ auf unserem Planeten.

6. Scanne den QR Code, um zur Audio-Datei zu gelangen:

Die erste Milliarde wurde etwa Anfang des 19. ______________________________ und stieg in knapp 200 Jahren auf 7 Milliarden an.

7. Scanne den QR Code, um zur Audio-Datei zu gelangen:

Die ____
sind China und Indien.

8. Scanne den QR Code, um zur Audio-Datei zu gelangen:

______________ 36

9. Scanne den QR Code, um zur Audio-Datei zu gelangen:

Obwohl China bisher die größte Einwohnerzahl hat, _______________ die Indiens schneller und wird _________________________________ im Jahr 2023 China als bevölkerungsreichstes Land ablösen.

10. Scanne den QR Code, um zur Audio-Datei zu gelangen:

Zu den Faktoren, die die Entwicklung der Bevölkerung ___________________________, zählen neben der Fertilitätsrate auch die weiterhin ______________________________ und die sinkende Kindersterblichkeit.

11. Scanne den QR Code, um zur Audio-Datei zu gelangen:

Bei der regionalen Verteilung sind ______________________________ wesentlich.

12. Scanne den QR Code, um zur Audio-Datei zu gelangen:

Die UNO erwartet ____________________________ bis zum Jahr 2050 einen ________________________________ bei den über 60-jährigen von jetzt gut 10 % auf dann knapp 22 % bei ____ des Bevölkerungsanteils der Kinder von jetzt knapp 30 % auf knapp 20

8.2.7 Lösungen: Bevölkerung

Aufgabe	Lösung
1.	Seit zwei [Millionen] Jahren leben Menschen auf der Erde.
2.	Lange stieg die Bevölkerungszahl kaum an, da sich Geburten- und Sterberaten [ausglichen.]
3.	In jüngster Zeit führten Fortschritte in der Medizin und in der Landwirtschaft dazu [, dass die Kindersterblichkeit abnahm.]
4.	So kam es zu einem [raschen Anstieg] der Weltbevölkerung In den letzten 150 Jahren.
5.	Heute leben mehr als sieben [Milliarden Menschen] auf unserem Planeten.
6.	Die erste Milliarde wurde etwa Anfang des 19. [Jahrhunderts erreicht] und stieg in knapp 200 Jahren auf 7 Milliarden an.
7.	Die [Staaten mit der höchsten Bevölkerungsdichte] sind China und Indien.
8.	[Ungefähr] 36% der gesamten Weltbevölkerung lebt in diesen beiden Ländern.
9.	Obwohl China bisher die größte Einwohnerzahl hat, [wächst] die Indiens schneller und wird [voraussichtlich] im Jahr 2023 China als bevölkerungsreichstes Land ablösen.
10.	Zu den Faktoren, die die Entwicklung der Bevölkerung [beeinflussen], zählen neben der Fertilitätsrate auch die weiterhin [steigende Lebenserwartung] und die sinkende Kindersterblichkeit.
11.	Bei der regionalen Verteilung sind [Wanderbewegungen] wesentlich.
12.	Die UNO erwartet [in Zukunft] bis zum Jahr 2050 einen [weltweiten Zuwachs] bei den über 60-jährigen von jetzt gut 10 % auf dann knapp 22 % bei [gleichzeitigem Rückgang] des Bevölkerungsanteils der Kinder von jetzt knapp 30 % auf knapp 20 %.

Lösungen der Text-Aufgaben.

8.2.8 Test: Das lange Warten

Fülle die Lücke aus, während du dir den Text anhörst.

Bitte setze nach jedem Komma ein Leerzeichen. Achte gegebenenfalls auch auf die Zeichensetzung in der Satzmitte oder am Satzende.

1. Scanne den QR Code, um zur Audio-Datei zu gelangen:

   Am Montag, den 26. August 2015, verkündete ____________________________ Ursula von der Leyen, dass das Standardmodell G36 ausgedient habe und durch einen Nachfolger ersetzt werden solle.

2. Scanne den QR Code, um zur Audio-Datei zu gelangen:

   Zuvor war das ____ aufgrund von Präzisionsmängeln durch einige Tests gefallen.

3. Scanne den QR Code, um zur Audio-Datei zu gelangen:

Vor allem ______________________________ die zum Alltag einiger Einsatzländern der Bundeswehr zählen, schmälerten die Präzision.

4. Scanne den QR Code, um zur Audio-Datei zu gelangen:

Eine Klage gegen den ______________________________ für die Behörde aus.

5. Scanne den QR Code, um zur Audio-Datei zu gelangen:

Der Waffenhersteller betonte, dass das Unternehmen für den ____________________ ____ übernehmen könne.

6. Scanne den QR Code, um zur Audio-Datei zu gelangen:

Doch die ________________________ neuer Sturmgewehre stellt das Bundesverteidigungsministerium vor eine große Herausforderung.

7. Scanne den QR Code, um zur Audio-Datei zu gelangen:

Im April 2017 wurde daraufhin ein ______________________________ ausgeschrieben, dessen Frist im Februar 2018 endete. Ein neues Sturmgewehr hat die Bundeswehr bis dato allerdings immer noch nicht.

8. Scanne den QR Code, um zur Audio-Datei zu gelangen:

Das Bundesamt für ______________________________ der Bundeswehr gab an, dass alle Produkte anhand von Vergleichserprobungen getestet wurden.

9. Scanne den QR Code, um zur Audio-Datei zu gelangen:

______________________ erfüllte keines der vorgestellten Produkte die vollständigen Anforderungen des Auftraggebers.

10. Scanne den QR Code, um zur Audio-Datei zu gelangen:

Doch die ______________________________________ ist wichtig, denn immerhin sollen 120.000 neue Sturmgewehre für rund 250 Millionen Euro angeschafft werden.

11. Scanne den QR Code, um zur Audio-Datei zu gelangen:

Nach neuesten Angaben haben die Unternehmen bis Februar 2019 Zeit, die ________________________________ und ihre Produkte für eine weitere Vergleichserprobung zur Verfügung zu stellen.

12. Scanne den QR Code, um zur Audio-Datei zu gelangen:

Umstritten ist zudem die ____

13. Scanne den QR Code, um zur Audio-Datei zu gelangen:

Laut einem ______________________________ seien lediglich Angebote für Gewehre mit dem Kaliber 5,56 Millimeter eingereicht worden.

14. Scanne den QR Code, um zur Audio-Datei zu gelangen:

Einige Streitkräfte benötigen jedoch ein ______________________________

15. Scanne den QR Code, um zur Audio-Datei zu gelangen:

Es bleibt ungewiss, wie lange die Bundeswehr auf neue Gewehre warten muss. Abzuwarten gilt erst einmal die ____________________

8.2.9 Lösungen: Das lange Warten

Aufgabe	Lösung
1.	Am Montag, den 26. August 2015, verkündete [Bundesverteidigungsministerin] Ursula von der Leyen, dass das Standardmodell G36 ausgedient habe und durch einen Nachfolger ersetzt werden solle.
2.	Zuvor war das [altbewährte Standardmodell] aufgrund von Präzisionsmängeln durch einige Tests gefallen.
3.	Vor allem [hohe Außentemperaturen, hohe Aussentemperaturen,] die zum Alltag einiger Einsatzländern der Bundeswehr zählen, schmälerten die Präzision.
4.	Eine Klage gegen den [Waffenhersteller ging mit einer Niederlage] für die Behörde aus.
5.	Der Waffenhersteller betonte, dass das Unternehmen für den [Einsatz des Gewehrs in Extremsituationen keine Gewähr] übernehmen könne.

Lösungen der Text-Aufgaben.

Aufgabe	Lösung
6.	Doch die [Anschaffung] neuer Sturmgewehre stellt das Bundesverteidigungsministerium vor eine große Herausforderung.
7.	Im April 2017 wurde daraufhin ein [internationales Vergabeverfahren] ausgeschrieben, dessen Frist im Februar 2018 endete. Ein neues Sturmgewehr hat die Bundeswehr bis dato allerdings immer noch nicht.
8.	Das Bundesamt für [Ausrüstung, Informationstechnik und Nutzung] der Bundeswehr gab an, dass alle Produkte anhand von Vergleichserprobungen getestet wurden.
9.	[Wider Erwarten] erfüllte keines der vorgestellten Produkte die vollständigen Anforderungen des Auftraggebers.
10.	Doch die [Erfüllung der Auflagen] ist wichtig, denn immerhin sollen 120.000 neue Sturmgewehre für rund 250 Millionen Euro angeschafft werden.
11.	Nach neuesten Angaben haben die Unternehmen bis Februar 2019 Zeit, die [Mängel zu beheben] und ihre Produkte für eine weitere Vergleichserprobung zur Verfügung zu stellen.
12.	Umstritten ist zudem die [Durchschlagsleistung der vorgestellten Gewehre.]
13.	Laut einem [internen Schreiben] seien lediglich Angebote für Gewehre mit dem Kaliber 5,56 Millimeter eingereicht worden.
14.	Einige Streitkräfte benötigen jedoch ein [größeres Kaliber.]
15.	Es bleibt ungewiss, wie lange die Bundeswehr auf neue Gewehre warten muss. Abzuwarten gilt erst einmal die [neue Frist Mitte Februar.]

Lösungen der Text-Aufgaben.

8.2.10 Test: Europa

Fülle die Lücke aus, während du dir den Text anhörst.

Bitte setze nach jedem Komma ein Leerzeichen. Achte gegebenenfalls auch auf die Zeichensetzung in der Satzmitte oder am Satzende.

1. Scanne den QR Code, um zur Audio-Datei zu gelangen:

   Europa ist der ______________________________ Erdteil mit der zweitgrößten Bevölkerungszahl.

2. Scanne den QR Code, um zur Audio-Datei zu gelangen:

   Von den ______________________________ im Norden bis zu den trockenen Küstengebieten im ______________________________ ist die Landschaft ______________________ gegliedert.

3. Scanne den QR Code, um zur Audio-Datei zu gelangen:

Zwischen Irland und dem Ural erstreckt sich ein ______________________ Land mit mehr als vierzig Staaten.

4. Scanne den QR Code, um zur Audio-Datei zu gelangen:

Den hohen ____________________________ verdanken sie den Bodenschätzen, einer ____ und einer modernen Industrie.

5. Scanne den QR Code, um zur Audio-Datei zu gelangen:

   Doch nicht alle Länder in Europa ______________________ von einer starken Wirtschaft.

6. Scanne den QR Code, um zur Audio-Datei zu gelangen:

   Deshalb kam es immer wieder zwischen den Ländern in Europa zu ____________ und Kriegen.

7. Scanne den QR Code, um zur Audio-Datei zu gelangen:

Damit es dazu nicht mehr kommt, haben viele Länder in Europa

____

8. Scanne den QR Code, um zur Audio-Datei zu gelangen:

Und so kam es im Jahr 1992 zu dem Vertrag, der die ____ zur sogenannten Europäischen Union vereinte.

9. Scanne den QR Code, um zur Audio-Datei zu gelangen:

Im Jahr 2002 wurde der Euro als gemeinsame ______________________________

10. Scanne den QR Code, um zur Audio-Datei zu gelangen:

Mit der Zeit wollten und traten ______________________________________ der EU bei.

11. Scanne den QR Code, um zur Audio-Datei zu gelangen:

Im Jahr 2016 stimmte die ______________________________________
Bevölkerung für den _____________ aus der EU und vier Jahre später wurde der
Brexit ______________________________________

12. Scanne den QR Code, um zur Audio-Datei zu gelangen:

Im Jahr 2020 setzt sich die Europäische Union also aus 27 __________________
zusammen.

8.2.11 Lösungen: Europa

Aufgabe	Lösung
1.	Europa ist der [zweitkleinste] Erdteil mit der zweitgrößten Bevölkerungszahl.
2.	Von den [ausgedehnten Wäldern] im Norden bis zu den trockenen Küstengebieten im [Mittelmeerraum] ist die Landschaft [vielfältig] gegliedert.
3.	Zwischen Irland und dem Ural erstreckt sich ein [fruchtbares] Land mit mehr als vierzig Staaten.
4.	Den hohen [Lebensstandard] verdanken sie den Bodenschätzen, einer [erfolgreichen Landwirtschaft] und einer modernen Industrie.
5.	Doch nicht alle Länder in Europa [profitieren] von einer starken Wirtschaft.
6.	Deshalb kam es immer wieder zwischen den Ländern in Europa zu [Streit] und Kriegen.
7.	Damit es dazu nicht mehr kommt, haben viele Länder in Europa [beschlossen, zusammenzuarbeiten.]
8.	Und so kam es im Jahr 1992 zu dem Vertrag, der die [einzelnen Gemeinschaften] zur sogenannten Europäischen Union vereinte.
9.	Im Jahr 2002 wurde der Euro als gemeinsame [Währung eingeführt.]
10.	Mit der Zeit wollten und traten [immer mehr Länder] der EU bei.
11.	Im Jahr 2016 stimmte die [Mehrheit der britischen] Bevölkerung für den [Austritt] aus der EU und vier Jahre später wurde der Brexit [tatsächlich vollzogen.]
12.	Im Jahr 2020 setzt sich die Europäische Union also aus 27 [Mitgliedstaaten / Mitgliedsstaaten] zusammen.

Lösungen der Text-Aufgaben.

8.2.12 Test: Jungen Straftätern eine Chance geben

Fülle die Lücke aus, während du dir den Text anhörst.

Bitte setze nach jedem Komma ein Leerzeichen. Achte gegebenenfalls auch auf die Zeichensetzung in der Satzmitte oder am Satzende.

1. Scanne den QR Code, um zur Audio-Datei zu gelangen:

   Wenn es um das ______________________________ geht, dann scheiden sich die Geister.

2. Scanne den QR Code, um zur Audio-Datei zu gelangen:

   Handelt es sich dabei nun um Kunst oder um ________________________?

3. Scanne den QR Code, um zur Audio-Datei zu gelangen:

Die Besitzer der ______________, die mit den ______________________________ Jugendlicher versehen werden, brauchen in der Regel nicht lange, um diese Frage zu beantworten.

4. Scanne den QR Code, um zur Audio-Datei zu gelangen:

Für sie ist der Fall klar. ____ welches man nicht einfach ungestraft durchgehen lassen kann.

5. Scanne den QR Code, um zur Audio-Datei zu gelangen:

Von den ______________________________ wird entsprechend erwartet, dass sie ihre Arbeit tun, die Schuldigen finden und zur ________________________ ziehen.

6. Scanne den QR Code, um zur Audio-Datei zu gelangen:

Doch was bewegt junge Menschen eigentlich dazu, ____________________ zu be sprühen?

7. Scanne den QR Code, um zur Audio-Datei zu gelangen:

Die ____ die diese Form gewählt haben, um sich auszudrücken, ist unterschiedlich.

8. Scanne den QR Code, um zur Audio-Datei zu gelangen:

Während einige keinen anderen Weg sehen, um ihre Ideen auch einem ____ zu machen, überwiegt für andere der ______________________.

9. Scanne den QR Code, um zur Audio-Datei zu gelangen:

Grenzen zu überschreiten und auf diese Weise gegen überkommene Regeln zu protestieren, sind ______________________________

10. Scanne den QR Code, um zur Audio-Datei zu gelangen:

Wenn dabei jedoch andere Menschen oder ______________________________, dann hört der Spaß auf.

11. Scanne den QR Code, um zur Audio-Datei zu gelangen:

Viele ____ sehen in dem Phänomen eine _____________________ der Pubertät, in welcher Jugendliche lernen müssen, sich mit sich selbst und ihrer Umwelt _____________________, um ihren eigenen Weg zu finden.

12. Scanne den QR Code, um zur Audio-Datei zu gelangen:

Für sie liegen die Ursachen für dieses Verhalten im _________________ und in der Gesellschaft.

13. Scanne den QR Code, um zur Audio-Datei zu gelangen:

Sie raten dazu, ____________________ gewordenen Jugendlichen die Möglichkeit zu geben, sich beispielsweise im Rahmen eines Straßenkunst-Projektes auf ________________________ kreativ auszuleben.

8.2.13 Lösungen: Jungen Straftätern eine Chance geben

Aufgabe	Lösung
1.	Wenn es um das [Thema Graffiti] geht, dann scheiden sich die Geister.
2.	Handelt es sich dabei nun um Kunst oder um [Vandalismus] ?
3.	Die Besitzer der [Objekte] , die mit den [kreativen Exzessen] Jugendlicher versehen werden, brauchen in der Regel nicht lange, um diese Frage zu beantworten.
4.	Für sie ist der Fall klar. [Sachbeschädigung ist ein Delikt,] welches man nicht einfach ungestraft durchgehen lassen kann.
5.	Von den [Ordnungshütern] wird entsprechend erwartet, dass sie ihre Arbeit tun, die Schuldigen finden und zur [Rechenschaft] ziehen.

Lösungen der Text-Aufgaben.

Aufgabe	Lösung
6.	Doch was bewegt junge Menschen eigentlich dazu, [Hauswände] zu besprühen?
7.	Die [Motivation der Jugendlichen,] die diese Form gewählt haben, um sich auszudrücken, ist unterschiedlich.
8.	Während einige keinen anderen Weg sehen, um ihre Ideen auch einem [größeren Publikum zugänglich / grösseren Publikum zugänglich] zu machen, überwiegt für andere der [Reiz des Verbotenen].
9.	Grenzen zu überschreiten und auf diese Weise gegen überkommene Regeln zu protestieren, sind [Grundaspekte von Demonstrationen.]
10.	Wenn dabei jedoch andere Menschen oder [ihr Eigentum zu Schaden kommen] , dann hört der Spaß auf.
11.	Viele [Pädagogen und Psychologen] sehen in dem Phänomen eine [extreme Form] der Pubertät, in welcher Jugendliche lernen müssen, sich mit sich selbst und ihrer Umwelt [auseinanderzusetzen] , um ihren eigenen Weg zu finden.
12.	Für sie liegen die Ursachen für dieses Verhalten im [Elternhaus] und in der Gesellschaft.
13.	Sie raten dazu, [auffällig] gewordenen Jugendlichen die Möglichkeit zu geben, sich beispielsweise im Rahmen eines Straßenkunst-Projektes auf [legale Weise] kreativ auszuleben.

Lösungen der Text-Aufgaben.

8.2.14 Test: Wirbelstürme

Fülle die Lücke aus, während du dir den Text anhörst.

Bitte setze nach jedem Komma ein Leerzeichen. Achte gegebenenfalls auch auf die Zeichensetzung in der Satzmitte oder am Satzende.

1. Scanne den QR Code, um zur Audio-Datei zu gelangen:

   Wirbelstürme kommen über ____________________ Meeren vor.

2. Scanne den QR Code, um zur Audio-Datei zu gelangen:

   Sie bilden sich meistens im Sommer und entstehen ________________________ in warmen Meeresregionen, den Tropen und ____________________

3. Scanne den QR Code, um zur Audio-Datei zu gelangen:

Warmes Wasser ______________________________________ und steigt mit feuchter Luft um einen ruhigen Bereich ___________________________ auf.

4. Scanne den QR Code, um zur Audio-Datei zu gelangen:

Kalte Luft wird in ________________________ gezogen, wo sie die warme Luft ________ und dem Sturm neue _______________ gibt.

5. Scanne den QR Code, um zur Audio-Datei zu gelangen:

Durch die Corioliskraft, die entsteht, weil sich die Erde langsam um die ____________________ dreht, wird die aufsteigende Luft ____.

6. Scanne den QR Code, um zur Audio-Datei zu gelangen:

So entsteht ein Wirbel, der sich ______________ vergrößert.

7. Scanne den QR Code, um zur Audio-Datei zu gelangen:

Die Wörter Zyklon, Hurrikan und Taifun bezeichnen im ____________ dasselbe.

8. Scanne den QR Code, um zur Audio-Datei zu gelangen:

Alle drei Wirbelstürme entstehen über dem Ozean und ____________________ in der Region, in der sie vorkommen.

9. Scanne den QR Code, um zur Audio-Datei zu gelangen:

Ein Wirbelsturm über dem ____________________, also zwischen Europa und Amerika, wird Hurrikan genannt.

10. Scanne den QR Code, um zur Audio-Datei zu gelangen:

Über dem Indischen Ozean entstehen sogenannte Zyklone und ____________ Asiens entsteht ein Taifun.

11. Scanne den QR Code, um zur Audio-Datei zu gelangen:

Tornados und ____ bilden sich auf dem Land.

12. Scanne den QR Code, um zur Audio-Datei zu gelangen:

Sie bestehen im Vergleich zu den anderen nicht aus feuchter Luft und entwickeln sich aus ____

13. Scanne den QR Code, um zur Audio-Datei zu gelangen:

Leider können Wirbelstürme nicht ____________________ werden.

14. Scanne den QR Code, um zur Audio-Datei zu gelangen:

Menschen können jedoch ____

15. Scanne den QR Code, um zur Audio-Datei zu gelangen:

    ______________ machen die globale Erderwärmung dafür verantwortlich.

16. Scanne den QR Code, um zur Audio-Datei zu gelangen:

    Des Weiteren führt eine ______________ dazu, dass viele Menschen einer ______________ zum Opfer fallen.

8.2.15 Lösungen: Wirbelstürme

Aufgabe	Lösung
1.	Wirbelstürme kommen über [tropischen] Meeren vor.

Aufgabe	Lösung
2.	Sie bilden sich meistens im Sommer und entstehen [regelmäßig / regelmässig] in warmen Meeresregionen, den Tropen und [Subtropen / Subtropen.]
3.	Warmes Wasser [verdunstet schnell] und steigt mit feuchter Luft um einen ruhigen Bereich [spiralförmig] auf.
4.	Kalte Luft wird in [das Zentrum] gezogen, wo sie die warme Luft [ersetzt] und dem Sturm neue [Nahrung] gibt.
5.	Durch die Corioliskraft, die entsteht, weil sich die Erde langsam um die [eigene Achse] dreht, wird die aufsteigende Luft [zusätzlich in Drehung versetzt].
6.	So entsteht ein Wirbel, der sich [ständig] vergrößert.
7.	Die Wörter Zyklon, Hurrikan und Taifun bezeichnen im [Grunde] dasselbe.
8.	Alle drei Wirbelstürme entstehen über dem Ozean und [unterscheiden sich lediglich] in der Region, in der sie vorkommen.
9.	Ein Wirbelsturm über dem [Nordatlantik], also zwischen Europa und Amerika, wird Hurrikan genannt.
10.	Über dem Indischen Ozean entstehen sogenannte Zyklone und [im Pazifischen Ozean] Asiens entsteht ein Taifun.
11.	Tornados und [Windhosen hingegen] bilden sich auf dem Land.
12.	Sie bestehen im Vergleich zu den anderen nicht aus feuchter Luft und entwickeln sich aus [instabilen Gewitterwolken.]
13.	Leider können Wirbelstürme nicht [verhindert] werden.
14.	Menschen können jedoch [die Stärke minimieren.]
15.	[Wissenschaftler] machen die globale Erderwärmung dafür verantwortlich.
16.	Des Weiteren führt eine [enge Besiedlung an Küsten und Landstrichen] dazu, dass viele Menschen einer [Naturkatastrophe] zum Opfer fallen.

Lösungen der Text-Aufgaben.

8.2.16 Test: Faszination Fußball

Fülle die Lücke aus, während du dir den Text anhörst.

Bitte setze nach jedem Komma ein Leerzeichen. Achte gegebenenfalls auch auf die Zeichensetzung in der Satzmitte oder am Satzende.

1. Scanne den QR Code, um zur Audio-Datei zu gelangen:

   ____

2. Scanne den QR Code, um zur Audio-Datei zu gelangen:

   Die Wiege des Fußballs ist jedoch nicht in Deutschland, sondern in ____________ zu suchen.

3. Scanne den QR Code, um zur Audio-Datei zu gelangen:

Gegen Ende des 19. Jahrhunderts fand der ______________________ jedoch auch seinen Weg nach Deutschland.

4. Scanne den QR Code, um zur Audio-Datei zu gelangen:

Fußball war in seinen Anfängen jedoch der gehobenen ______________________ vorbehalten, so wie es heute mit Tennis und Golfsport vergleichbar ist.

5. Scanne den QR Code, um zur Audio-Datei zu gelangen:

Die Fußballspieler der damaligen Zeit orientierten sich vor allem an deutschen ______________________________ und englischen Internaten.

6. Scanne den QR Code, um zur Audio-Datei zu gelangen:

Entsprechend nannten sie ihre Vereine Borussia oder Alemannia und waren von Beruf Maler, höhere ______________________________ oder sogar Dichter, wie etwa Hermann Löns aus der Lüneburger Heide.

7. Scanne den QR Code, um zur Audio-Datei zu gelangen:

Erst im Jahr 1908 wurden auch Schiffsjungen von der deutschen Kriegsmarine zum ______________________________ zugelassen.

8. Scanne den QR Code, um zur Audio-Datei zu gelangen:

Man erkannte jedoch schnell, dass Fußball als ______________________________ den Zusammenhalt einer Gruppe stärken konnte, sodass dieser Sport nach und nach auch Rekruten aus den ______________________________ beigebracht wurde.

9. Scanne den QR Code, um zur Audio-Datei zu gelangen:

In den 1930er Jahren stammte etwa ein ______________________________
____

10. Scanne den QR Code, um zur Audio-Datei zu gelangen:

Große Beachtung und Beliebtheit durch alle _________________________ hindurch fand der Fußball spätestens mit dem Finalsieg der Fußballnationalmannschaft gegen die _________________________ Mannschaft aus Ungarn im Jahr 1954 beim _______________________ "Wunder von Bern".

11. Scanne den QR Code, um zur Audio-Datei zu gelangen:

Heutzutage ist Fußball ein Sport, der Alt und Jung, sowie ____________________
____

12. Scanne den QR Code, um zur Audio-Datei zu gelangen:

Dies macht sich unter anderem an den stetig steigenden ______________________
bei Spielen der ersten und zweiten Fußballbundesliga in Deutschland bemerkbar.

13. Scanne den QR Code, um zur Audio-Datei zu gelangen:

Doch auch in Südamerika oder Asien gewinnt der Fußballsport immer mehr an ____________

14. Scanne den QR Code, um zur Audio-Datei zu gelangen:

Entsprechend sind Fußballweltmeisterschaften gemeinsam mit den Olympischen Spielen heutzutage die am meisten ____________ überhaupt.

8.2.17 Lösungen: Faszination Fußball

Aufgabe	Lösung
1.	[Fußball ist eine Sportart, die heutzutage ganze Arenen füllen kann. Fussball ist eine Sportart, die heutzutage ganze Arenen füllen kann.]

Aufgabe	Lösung
2.	Die Wiege des Fußballs ist jedoch nicht in Deutschland, sondern in [Großbritannien / Grossbritannien] zu suchen.
3.	Gegen Ende des 19. Jahrhunderts fand der [Fußballsport / Fussballsport] jedoch auch seinen Weg nach Deutschland.
4.	Fußball war in seinen Anfängen jedoch der gehobenen [Gesellschaftsschicht] vorbehalten, so wie es heute mit Tennis und Golfsport vergleichbar ist.
5.	Die Fußballspieler der damaligen Zeit orientierten sich vor allem an deutschen [Burschenschaften] und englischen Internaten.
6.	Entsprechend nannten sie ihre Vereine Borussia oder Alemannia und waren von Beruf Maler, höhere [Verwaltungsbürokraten, Offiziere, Juristen, Opernsänger] oder sogar Dichter, wie etwa Hermann Löns aus der Lüneburger Heide.
7.	Erst im Jahr 1908 wurden auch Schiffsjungen von der deutschen Kriegsmarine zum [Fußballspielen / Fussballspielen] zugelassen.
8.	Man erkannte jedoch schnell, dass Fußball als [Mannschaftssport] den Zusammenhalt einer Gruppe stärken konnte, sodass dieser Sport nach und nach auch Rekruten aus den [weniger angesehenen Kreisen] beigebracht wurde.
9.	In den 1930er Jahren stammte etwa ein [Drittel der Fußballnationalspieler Deutschlands aus Arbeiterfamilien. / Drittel der Fussballnationalspieler Deutschlands aus Arbeiterfamilien.]
10.	Große Beachtung und Beliebtheit durch alle [Bevölkerungsschichten] hindurch fand der Fußball spätestens mit dem Finalsieg der Fußballnationalmannschaft gegen die [favorisierte] Mannschaft aus Ungarn im Jahr 1954 beim [legendären] "Wunder von Bern".
11.	Heutzutage ist Fußball ein Sport, der Alt und Jung, sowie [Arm und Reich gleichermaßen faszinieren kann. / Arm und Reich gleichermassen faszinieren kann.]
12.	Dies macht sich unter anderem an den stetig steigenden [Zuschauerzahlen] bei Spielen der ersten und zweiten Fußballbundesliga in Deutschland bemerkbar.
13.	Doch auch in Südamerika oder Asien gewinnt der Fußballsport immer mehr an [Beliebtheit.]
14.	Entsprechend sind Fußballweltmeisterschaften gemeinsam mit den Olympischen Spielen heutzutage die am meisten [beachteten Sportereignisse] überhaupt.

8.3 Diktate

Das Diktat wird als ökonomische und objektive Form der Leistungsmessung angesehen, wobei als selbstverständlich unterstellt wird, dass damit auch die gesamte Rechtschreibfähigkeit gemessen werden kann.

Welche Arten von Diktaten gibt es ?

Das Volltextdiktat

Diese Variante des Diktats ist aus der Schule bekannt: Ein kompletter Text wird Satz für Satz diktiert. Die Prüflinge müssen den gesamten Text aufschreiben. Beim Volltextdiktat kommt es daher nicht bloß auf die korrekte Rechtschreibung an, der Text muss auch komplett erfasst sowie niedergeschrieben werden. Beachte dabei folgendes: Der Text enthält natürlich auch einige schwierige Wörter!

Das Lückendiktat

Das Lückendiktat ist eine zeitsparende und bei Prüflingen meist **beliebte Variante des Diktats**. Es kommt hierbei nicht darauf an, einen kompletten Artikel oder Text aufzuschreiben, vielmehr müssen fehlende Wörter in die bestehenden **Lücken innerhalb des Textes** eingesetzt werden. Wie viele Lücken der Text enthält, unterscheidet sich dabei von Übung zu Übung.

Diese Variante des Diktats konzentriert sich logischerweise auf die „schweren" Wörter des Textes. Daher ist es umso wichtiger, **konzentriert und ruhig** an die Sache heranzugehen – schließlich kann hier kein Punkt mit den leichten Vokabeln gesammelt werden! Häufig wird das Lückendiktat auch im Rahmen des **Computertests** durchgeführt. Dabei liegt der Text den Prüflingen digital bzw. elektronisch vor und der Text muss per Computer eingegeben werden.

Das Fehlerdiktat

Das Fehlerdiktat ist **eigentlich kein klassisches Diktat**. Wir listen es jedoch dennoch auf, da auch hier die Rechtschreibung und Grammatik der zu Prüfenden getestet werden soll. Beim Fehlerdiktat liegt den Prüflingen ein Text vor, der voll von Rechtschreibfehlern und grammatikalischen Unsauberkeiten ist (schwierige Wörter sind falsch geschrieben oder Zeichen falsch gesetzt).

Es geht also darum, die Fehler zu entdecken und zu korrigieren. Diese Variante des Tests ist besonders bei Computertests weit verbreitet und wird in der Regel am PC durchgeführt.

8.3.1 Test: Weltraum

Schreibe das Diktat mit, während du dir den Text anhörst (am besten auf einem Extra-Zettel).

Bitte setze nach jedem Komma ein Leerzeichen. Achte gegebenenfalls auch auf die Zeichensetzung in der Satzmitte oder am Satzende.

*Einige Wörter für dieses Diktat, deren Schreibweise wir dir vorgeben:

- Hochvakuum
- Sphäre

Die Lösung findest du auf der nachfolgenden Seite.

1. Scanne den QR Code, um zur Audio-Datei zu gelangen:

8.3.2 Lösungen: Weltraum

Aufgabe	Lösung
1.	Seit Jahrhunderten beschäftigt und fasziniert der Weltraum die Menschen. Doch was ist er genau? Der Weltraum bezeichnet den Raum zwischen Himmelskörpern. Die Atmosphären von festen und gasförmigen Himmelskörpern haben keine feste Grenze nach oben, sondern werden mit zunehmendem Abstand zum Himmelskörper allmählich immer dünner. Ab einer bestimmten Höhe spricht man vom Beginn des Weltraums. Im Weltraum herrscht ein Hochvakuum mit niedriger Teilchendichte. Er ist aber kein leerer Raum, sondern enthält Gase, Staub und Elementarteilchen. Außerdem enthält er elektrische und magnetische Felder, Gravitationsfelder und elektromagnetische Wellen. Dadurch, dass im Weltraum nahezu Vakuum herrscht, ist er außerordentlich durchsichtig und erlaubt die Beobachtung extrem entfernter Objekte. Der erdnahe Weltraum wird vom Magnetfeld der Erde dominiert. Er reicht von den oberen Regionen der Atmosphäre bis an die Grenze der irdischen Magnetosphäre.

Lösungen der Text-Aufgaben.

8.3.3 Test: Sterne

Schreibe das Diktat mit, während du dir den Text anhörst (am besten auf einem Extra-Zettel).

Bitte setze nach jedem Komma ein Leerzeichen. Achte gegebenenfalls auch auf die Zeichensetzung in der Satzmitte oder am Satzende.

*Schreibe die Zahlen so: 100.000, 2.200, 45.000...

Die Lösung findest du auf der nachfolgenden Seite.

1. Scanne den QR Code, um zur Audio-Datei zu gelangen:

8.3.4 Lösungen: Sterne

Aufgabe	Lösung
1.	Unter einem Stern versteht die Astronomie einen massereichen, selbstleuchtenden Himmelskörper. Er besteht aus sehr heißem Gas und Plasma, ähnlich unserer Sonne. Er wird durch die eigene Schwerkraft zusammengehalten und ist an der Oberfläche 2.200 bis 45.000 Grad heiß. Sogenannte "Weiße Zwerge" können Temperaturen bis zu 100.000 Grad erreichen. Dass fast alle dem bloßen Auge punktförmig erscheinenden Himmelskörper weit entfernte Sonnen sind, ist eine der wichtigsten Erkenntnisse der modernen Astronomie. Über 70 Prozent der Sterne sind Teil eines Doppelsternsystems. Viele haben ein Planetensystem. In größerer Zahl bilden sie Sternhaufen und riesige, linsenförmige Galaxien. Sterne kommen in unterschiedlichsten Größen, Leuchtkräften und Farben vor und werden daher nach bestimmten Eigenschaften klassifiziert. Sie sind äußerst aktive Gasriesen, die im inneren Millionen Grad heiß und sehr turbulent sind. Von ihrer glühenden Oberfläche senden sie neben intensiver Strahlung auch geladene Plasmateilchen weit in den Raum.

Lösungen der Text-Aufgaben.

8.3.5 Test: Papier

Schreibe das Diktat mit, während du dir den Text anhörst (am besten auf einem Extra-Zettel).

Bitte setze nach jedem Komma ein Leerzeichen. Achte gegebenenfalls auch auf die Zeichensetzung in der Satzmitte oder am Satzende.

Die Lösung findest du auf der nachfolgenden Seite.

1. Scanne den QR Code, um zur Audio-Datei zu gelangen:

8.3.6 Lösungen: Papier

Aufgabe	Lösung
1.	Papier ist ein flächiger Werkstoff, der im Wesentlichen aus Fasern meist pflanzlicher Herkunft besteht und durch Entwässerung einer Fasersuspension auf einem Sieb gebildet wird. Das dabei entstehende Faservlies wird verdichtet und getrocknet. Papier wird einerseits zum Beschreiben und Bedrucken und andererseits zum Verpacken verwendet. Der Anteil dieser beiden Papiergruppen an der Papierproduktion in Deutschland betrug 2011 rund 87 Prozent. Mit großem Abstand folgen die Hygienepapiere wie Haushaltstücher und die technischen Spezialpapiere wie Filterpapiere, Dekorpapiere oder Tapeten mit einem Anteil von 13 Prozent. Heute wird Papier in der Regel aus Zellstoff oder aus Holzstoff hergestellt. Wieder zu verwertendes (oder Wiederzuverwertendes) Papier in Form von Altpapier stellt mittlerweile die wichtigste Rohstoffquelle in Europa dar. Je nach Masse und Eigenschaften wird zwischen Papier, Karton oder Pappe unterschieden. Aufgrund der vielfältigen Kombinationsmöglichkeiten bei den Rohstoffen, der Fertigung, der Verarbeitung und der Verwendung existieren etwa 3000 Papiersorten.

Lösungen der Text-Aufgaben.

8.3.7 Test: Kommunikation

Schreibe das Diktat mit, während du dir den Text anhörst (am besten auf einem Extra-Zettel).

Bitte setze nach jedem Komma ein Leerzeichen. Achte gegebenenfalls auch auf die Zeichensetzung in der Satzmitte oder am Satzende.

Die Lösung findest du auf der nachfolgenden Seite.

1. Scanne den QR Code, um zur Audio-Datei zu gelangen:

8.3.8 Lösungen: Kommunikation

Aufgabe	Lösung
1.	Unter Kommunikation wird der Austausch oder die Übertragung von Informationen auf verschiedene Arten und Wege verstanden. Unsere Kommunikationsmöglichkeiten wären ohne Technik sehr begrenzt. Das gesprochene Wort hat nur eine geringe Reichweite. Das Gedächtnis ist ein unzuverlässiger Speicher. Die Erfindung der Schrift machte es möglich, über weite Entfernungen Informationen auszutauschen und aufzubewahren. Mitte des 15. Jahrhunderts erfand Gutenberg den Buchdruck. Nun wurde Geschriebenes einem breiteren Publikum zugänglich. Im 19. Jahrhundert erschloss dann die Elektrizität neue Möglichkeiten der Kommunikation. Mit dem Telegrafen, dem Fernschreiber und später mit dem Telefon, dem Fernsprechapparat, ließen sich Botschaften in Sekundenschnelle übermitteln. Seither ist die Entwicklung rasch fortgeschritten. Das Internet eröffnet ganz neue Formen der Kommunikation. Nun können Menschen über den gesamten Planeten miteinander chatten oder per Video telefonieren und sich austauschen.

Lösungen der Text-Aufgaben.

8.3.9 Test: Erdbeben

Schreibe das Diktat mit, während du dir den Text anhörst (am besten auf einem Extra-Zettel).

Bitte setze nach jedem Komma ein Leerzeichen. Achte gegebenenfalls auch auf die Zeichensetzung in der Satzmitte oder am Satzende.

Die Lösung findest du auf der nachfolgenden Seite.

1. Scanne den QR Code, um zur Audio-Datei zu gelangen:

8.3.10 Lösungen: Erdbeben

Aufgabe	Lösung
1.	Als Erdbeben werden messbare Erschütterungen des Erdkörpers bezeichnet. Sie entstehen durch Massenverschiebungen, zumeist als tektonische Beben infolge von Verschiebungen an Bruchfugen. In weniger bedeutendem Maße auch durch vulkanische Aktivität, Einsturz oder Absenkung unterirdischer Hohlräume. Erdbeben, deren Herd unter dem Meeresboden liegt, werden auch Seebeben oder unterseeische Erdbeben genannt. Sie unterscheiden sich von anderen Beben zum Teil in den Auswirkungen, jedoch nicht in ihrer Entstehung. Erdbeben bestehen in der Regel nicht aus einer einzelnen Erschütterung, sondern ziehen meist weitere nach sich. Man spricht in diesem Zusammenhang von Vorbeben und Nachbeben mit Bezug auf ein stärkeres Hauptbeben. Treten Erdbeben über einen längeren, begrenzten Zeitraum gehäuft auf, so spricht man von einem Schwarmbeben. Solche treten vor allem in vulkanisch aktiven Regionen auf. Starke Erdbeben können Häuser und Bauten zerstören, Tsunamis und Erdrutsche auslösen und dabei Menschen töten.

Lösungen der Text-Aufgaben.

9 Schriftlicher Ausdruck B2

In diesem Prüfungsteil geht es darum, deinen schriftlichen Ausdruck, deine Rechtschreibung sowie deinen Wortschatz zu überprüfen. In der Regel hast du in der Prüfung die Wahl zwischen zwei Textaufgaben. Inhaltlich stammen die Textthemen aus dem Alltag. Beispielsweise wirst du gebeten, einem Freund eine E-Mail zu schreiben oder auf eine Wohnungsannonce schriftlich zu antworten.

Bei der schriftlichen Deutsch B2 Prüfung hat das Textverständnis einen ebenso hohen Stellenwert wie die sprachliche Korrektheit des Textes. Versuche daher Rechtschreibfehler zu vermeiden. Je weniger Fehler dein Text enthält, desto wahrscheinlicher ist auch das Bestehen der schriftlichen B2 Prüfung.

Zusammengefasst geht es in diesem Testbereich darum, dass du

- mit einem umfangreichen Wortschatz einen längeren und vor allem detaillierten Text von mindestens 150 Wörtern verfasst;
- deinen Standpunkt bzw. deine Argumente klar und deutlich darlegst;
- die erwartete Textsorte (E-Mail, Brief, ...) triffst und die dazugehörigen Formalitäten (Anrede, Betreff, Schlussworte, ...) korrekt anwendest;
- deinen Text strukturell optimal aufbaust (durch Absätze, Zwischenüberschriften, ...);
- die deutsche Grammatik korrekt anwendest;
- Rechtschreibfehler möglichst vermeidest.

Unsere Tipps für das Verfassen deines Textes:

- Achte auf formale Vorgaben, die für die Gestaltung des Textes wichtig sind (Sollst du eine E-Mail oder einen Brief schreiben?).
- Denke an einen passenden Gruß sowie eine korrekte Anrede (Schreibst du einem Freund oder einem fremden Menschen?).
- Beziehe dich in deinem Einleitungssatz auf das Hauptthema (Nenne den Grund, warum du dich meldest).
- Achte auf einen logischen Textaufbau (gliedere deinen Text: Einleitung, Hauptteil und Schlussteil).
- Gliedere den Hauptteil in verschiedene Teilbereiche und verbinde diese mit sinnvollen Überleitungen.
- Denke an einen passenden Schlussteil, der sowohl eine Zusammenfassung als auch einen Abschiedsgruß enthält.

Zur Vorbereitung findest du in diesem Buch verschiedene Diktate, Lückentexte sowie Aufgaben zur deutschen Grammatik. Diese Übungen werden deinen Wortschatz erhöhen und dir grammatikalische Feinheiten aufzeigen.

Unser Tipp: Stelle dir im Anschluss selbst bestimmte Aufgaben, bei denen du selbstständig einen Text verfasst. Schreibe beispielsweise einem Freund und lade diesen auf eine Feier ein, schreibe einem Vermieter und bekunde dein Interesse an einer Wohnung oder verfasse eine E-Mail zu einem Familienmitglied und beschreibe deinen Alltag. Lass deine selbst verfassten Texte von einem Muttersprachler korrigieren, so dass du direkt aus deinen Fehlern lernen kannst.

Mit kontinuierlichem Üben wirst du sehen, dass all diese Aufgaben dich bestens auf den dritten Prüfungsteil der schriftlichen Prüfung des Deutschkurses vorbereiten.

9.1 Wie schreibe ich eine E-Mail

Schlecht verfasst und demnach eher schwer verständlich: leider oftmals E-Mails. E-Mails sind im Arbeitsleben nach wie vor das Kommunikationsmittel Nummer 1. Doch sind diese eher umständlich geschrieben, sind sie vor allem eins: ein absoluter Zeitfresser. Das Verstehen schlecht formulierter E-Mails kann einige Zeit in Anspruch nehmen, im schlimmsten Fall sogar zu einer Nichterfüllung der in der E-Mail enthaltenen Aufgabe, Anweisung oder Anfrage führen.

Damit die von dir verfassten E-Mails stets richtig verstanden werden, geben wir dir gerne ein paar Tipps zum Thema “Wie schreibe ich eine E-Mail?” an die Hand.

1. Wähle die korrekte E-Mail Adresse: Schreibst du eine E-Mail von deiner privaten oder geschäftlichen E-Mail Adresse aus? Vermische dies nie!
2. Formuliere eine aussagekräftige Betreffzeile! Vermittle mit einer kurzen, prägnanten Aussage (kein Satz), worum es bei deiner E-Mail geht.
3. Denk an eine passende Anrede: Schreibst du einem guten Freund (Hallo Nils, ...) oder einem beruflichen Kontakt (Hallo Herr / Frau Meier, ...)? Vermeide eine unpersönliche Anrede (Sehr geehrte Damen und Herren, ...), sondern versuche stets einen konkreten Namen deiner Kontaktperson zu ermitteln.
4. Schreibst du eine E-Mail an mehrere Personen, gilt es eine gewisse Rangfolge entsprechend einer Hierarchie (beginne stets mit dem Chef) zu beachten. Befinden sich mehrere Personen auf derselben Hierarchieebene, so hast du die Wahl: Gehe entweder nach dem Alphabet und sortiere nach dem Nachnamen (Sehr geehrter Herr Baum, sehr geehrter Herr Schneider, ...) oder – und dies ist die gängige Variante – gib den Frauen den Vortritt und beginne stets bei ihnen (Sehr geehrte Frau Zöller, sehr geehrter Herr Baum, ...).
5. Vergiss bei der Anrede eventuelle Titel (Doktor, Professor, ...) nicht, denn diese haben stets den Vorrang (Sehr geehrter Professor Müller, sehr geehrter Dr. Meier, ...).

6. Falls es bereits einen Schriftverkehr gab, führe diesen fort. Sprich: Antworte auf eine bereits vorhandene E-Mail ohne den zuvor verfassten Inhalt zu löschen. So haben sowohl der E-Mail Empfänger als auch der E-Mail Versender stets die Möglichkeit, den bisherigen E-Mail Verlauf erneut nachzulesen.
7. Formuliere dein Anliegen im Haupttext klar und deutlich:

   a) Verzichte auf unnötig viele Fremdwörter oder ausschweifende Fachsprache.
   b) Kurze Sätze lesen sich einfacher als lange Schachtelsätze. Komme daher schnell und mit einfach zu verstehenden Worten auf den Punkt deines Anliegens. Du kannst natürlich gerne Hintergrundinformationen geben, beschränke dich dabei jedoch auf wirklich relevante Informationen.
   c) Der erste Satz sollte bereits die wichtigsten Inhalte abbilden.
   d) Verwende einen höflichen Tonfall. Vermeide beispielsweise zu viele Ausrufezeichen (!!!) oder ein konstantes GROẞSCHREIBEN.
   e) Sofern es in deiner E-Mail um zwei unterschiedliche Themen geht, schreibe lieber je eine E-Mail pro Thema, damit der Empfänger nicht die Übersicht verliert.
   f) Strukturiere deinen Text und vermeide zu große Textblöcke. Für eine gute Lesefreundlichkeit empfehlen sich Absätze.
   g) Vermeide das Verwenden mehrerer Schriftarten und -größen. Bleibe stets bei einem Format. Markierungen, wie kursives Schreiben oder eine **fett**-Formatierung, können für eine gute Struktur jedoch hilfreich sein.
   h) Vermeide in einer geschäftlichen E-Mail Emojis / Smileys.
   i) Gerne kannst du zur Unterstützung Links in deiner E-Mail hinterlegen. Vermeide aber das Setzen zu vieler Links.
   j) Anhänge, wie Fotos oder Grafiken, sind völlig in Ordnung. Achte dabei aber darauf, dass diese nicht größer als 5MB sind.

8. Für den Schlussteil ist vor allem eins wichtig: eine Handlungsaufforderung. Dieser sogenannte "Call to action" zeigt dem Empfänger, das nun seinerseits eine gewisse Reaktion bzw. Handlung nötig ist. Setze dabei eine Frist, so dass der Empfänger weiß, bis wann er etwas zu erledigen hat. Doch bleibe auch dabei stets freundlich.
9. Schließe deine E-Mail mit einem freundlichen Gruß ab (Viele / Beste / Herzliche / Freundliche Grüße ...) und hinterlasse so einen guten Eindruck.
10. Bevor du deine E-Mail abschickt, kontrolliere sie (Adresszelle, Betreff, Inhalt, Anhänge, ...) erneut. Haben sich Rechtschreib- oder Zeichenfehler eingeschlichen? Dann korrigiere sie. Kontrolliere auch, ob deine Angaben deiner Signatur (soweit vorhanden) stimmen, sonst kann dich deine Kontaktperson gegebenenfalls nicht erreichen.

Wenn du diesen Tipps folgst, sollte das Schreiben von E-Mails für dich kein Problem mehr darstellen. Viel Erfolg dabei!

9.2 Stellungnahme schreiben

Du findest etwas gut oder schlecht und kannst auch ganz genau sagen, warum das so ist? In diesem Fall beziehst du zu einem bestimmten Thema Stellung. Dies bedeutet konkret, dass du deinen Standpunkt zu einem Sachverhalt gegenüber anderen Personen sowohl nachvollziehbar, als auch überzeugend sowie plausibel begründest.

Bringst du das Ganze in Schriftform, so spricht man vom "Stellungnahme schreiben". Diese Textform begegnet uns tatsächlich häufig. So wird sie bereits in der Deutsch Oberstufe an Schulen gelehrt und findet später - im beruflichen Alltag - beispielsweise in der Verwaltung, bei Versicherungen, beim Zoll oder bei der Polizei praktisch statt.

9.2.1 Worum geht es bei der Thematik "Stellungnahme schreiben" genau?

Wenn dir beispielsweise im Rahmen eines Einstellungstests die Aufgabe "Stellungnahme schreiben" gegeben wird, gilt es in erster Linie zu prüfen, ob du deinen Standpunkt mit Argumenten belegen kannst. Mit einer These als Einleitung sowie zurecht gelegten Argumenten, die die Behauptung entweder bestreiten oder stichhaltig begründen, sollst du zeigen, ob du argumentative Strategien anwenden kannst. Kannst du andere Personen von deiner Meinung überzeugen und bzw. oder zur Klärung eines bestimmten Problems beitragen? Eine Stellungnahme gibt darüber bestens Auskunft.

9.2.2 Aufbau einer Stellungnahme

Grundsätzlich gibt es keinen festen Aufbau, den es zwingend beim Schreiben einer Stellungnahme zu beachten gilt - es sei denn, die Schule oder der Arbeitgeber gibt eine einzuhaltende Struktur vor.
Was du jedoch beachten solltest, ist der grundlegende Aufbau eines Aufsatzes, der auch bei einer Stellungnahme berücksichtigt werden sollte:

- Einleitung
- Hauptteil
- Schlussteil

Einleitung

In der Einleitung nimmst du Bezug zu dem Thema. Mittels einer eigenen These stellst du "kurz und knapp" deinen Standpunkt dar.

Hauptteil

Im Hauptteil beginnt die Argumentation. Mit Hilfe verschiedener Argumente belegst du deine in der Einleitung vorangestellte Behauptung.

Folgende sechs Argumentationstypen unterstützen deine These:

- Faktenargument
  - Unumstößliche Fakten werden angeführt.
  - Starkes Argument, da es durch unwiderlegbare Tatsachen gestützt wird.
- Autoritätsargument
  - Das Argument wird von einer anerkannten Autorität gestützt.
  - Beispiele: Zitate, Testergebnis von Stiftung Warentest, ...
- Indirektes Argument
  - Man greift einen Teil des Arguments der Gegenseite auf und entkräftet es durch das eigene Argument.
  - Ziel: Die Gegenseite soll an Glaubwürdigkeit verlieren.
- Normatives Argument
  - Starkes Argument, welches auf weitgehend akzeptierte, normative oder moralische Vorstellungen gestützt ist.
- Plausibilitätsargument
  - Argument, welches mit einer Erklärung, die plausibel erscheint, untermauert wird.
- Analogisierendes Argument
  - Argument, welches durch einen Vergleich mit konkreten Beispielen bestärkt wird.

Schlussteil

Im Schlussteil rundest du deine Stellungnahme mit einem Fazit ab. Das Fazit kann auch einen Lösungsvorschlag für das beschriebene Problem beinhalten.

9.2.3 Eine Stellungnahme korrekt schreiben – Herangehensweise & Tipps

Damit du zu einem Sachverhalt gezielt Stellung beziehen kannst, empfehlen wir dir, diese Herangehensweise sowie Tipps zu beachten:

- Lies die Aufgabenstellung und den Text, zu dem du Stellung beziehen sollst, aufmerksam (mehrmals) durch. Setze ggf. Markierungen und mache dir Notizen.
- Versuche, alle im Text bereits getroffenen Aussagen sowie Argumente zu erfassen (Welche Argumente beinhaltet bereits der Text?). Eventuell kannst du diese für deine eigene Argumentation nutzen.
- Suche die Stelle, zu der du eine Stellungnahme schreiben sollst, heraus und beantworte die W-Fragen zu dem Problem (Was? Wer? Wo? Wann? Wie? Warum?). Beachte dabei immer den Kontext, in welchem die Stellungnahme geschrieben worden ist.
- Entwickle nun eigene, wohl überlegte und vor allem an den Empfänger angepasste Argumente, die für (ggf. auch gegen) das jeweilige Problem sprechen. Dabei sind zwei bis drei Argumente ausreichend, da eine Stellungnahme so präzise wie möglich formuliert werden sollte.
- Sortiere deine Argumente nach ihrer Stärke und schreibe diese nach und nach begründet in den Hauptteil (das für dich schwächste Argument zuerst, das stärkste zuletzt, so dass deine Argumentationskette immer stärker wird).
- Lass im Schlussteil deine mit dem Problem bereits gemachten Erfahrungen einfließen. Ein denkbarer Lösungsansatz für das Problem rundet den Schlussteil sinnvoll ab.
- Nutze zur Abgrenzung der einzelnen Bereiche Absätze und eindeutige Einleitungsworte (für den Schlussteil beispielsweise: "Abschließend", "Zum Schluss"...).
- Vermeide Zwischenüberschriften.

9.2.4 Beispiel einer Stellungnahme

Hinweis:
Unser Beispiel ist auf das Äußerste gekürzt. Gerade der Hauptteil mit den Argumenten sollte bestenfalls ausführlicher beschrieben werden. Eine Begründung der Argumente empfiehlt sich.

Problematik:
In deutschen Schulen soll ein grundsätzliches Handyverbot eingeführt werden.

Stellungnahme:
Ich denke nicht, dass ein grundsätzliches Handyverbot an Schulen durchgesetzt werden kann. Vielmehr sollte es eher darum gehen, gewisse Regelungen für die Nutzung von Smartphones an Schulen in Kraft treten zu lassen.

Gerne möchte ich meine Meinung wie folgt begründen:

Zunächst fand ich nach Recherchen heraus, dass ein flächendeckendes Handyverbot aus juristischer Sicht aktuell nicht umsetzbar ist.
Weiterhin haben Schulen die Möglichkeit, bereits in ihrer Schulordnung einen gewissenhaften Umgang mit dem Handy niederzuschreiben. Es bedarf dafür keinen "von oben kommenden", staatlichen Eingriff.
Doch viel wichtiger ist: Das Smartphone ist für die Kommunikation mit den Eltern oder den älteren Geschwistern wichtig. Hierbei geht es mir vor allem um die Möglichkeit, sich bei bestimmten schulischen Planänderungen zeitnah verabreden zu können.

Längst ist das Handy zum alltäglichen Begleiter geworden, da es eine schnelle und unkomplizierte Kommunikation ermöglicht. Ein generelles Verbot ist in meinen Augen nicht zielführend. Vielmehr sollte ein einwandfreier Umgang mit dem Handy schon im (Vor-)Schulalter gelehrt und gewisse Regelungen zum Umgang fest in der jeweiligen Schulordnung verankert werden.

10 Mündlicher Ausdruck b2

Der mündliche Teil einer Sprachprüfung ist für viele Teilnehmer beeindruckend. Manche Sprachschüler haben Angst, nicht die richtigen Worte zu finden. Andere fürchten sich vielleicht davor, grammatische Fehler zu machen. Denn im Gegensatz zum schriftlichen Ausdruck bleibt bei einer spontanen Diskussion nicht viel Zeit, um über die Satzstrukturen nachzudenken und diese eventuell zu verbessern. Deshalb ist es wichtig, einige Grundstrukturen und Sprachbausteine gut zu beherrschen. Dies nimmt die Angst vor der Prüfung und gewährleistet einen korrekten Ausdruck in allen Situationen.

10.1 Mündlicher Ausdruck ohne Stress

Eine mündliche Prüfung setzt dich unter Stress? Das muss nicht sein! Erfahre, wie du deine Angst vor einer mündlichen Prüfung verlieren kannst!

10.1.1 Wie drücke ich mich mündlich aus?

Bei der Deutsch B2 Prüfung wird von dir erwartet, dass du Kontakt aufnehmen, dich selbst und deine Familie vorstellen, von einer persönlichen Erfahrung berichten, Fragen stellen, über gesellschaftliche Themen aus einem Text diskutieren und mit deinem Prüfungspartner gemeinsam etwas planen kannst. Hierzu benötigst du einige sprachliche Mittel. Folgende Sprachbausteine auswendig zu lernen und bei deiner Prüfungsvorbereitung einzusetzen, hilft dir, deine mündliche Prüfung stressfrei anzugehen.

1) Kontakt aufnehmen und sich vorstellen:

- Ich heiße/bin ...
- Ich bin ... Jahre alt.
- Ich wohne in ...
- Ich komme aus ...
- Ich bin verheiratet/ledig ...
- Ich habe zwei/drei/keine Kinder.
- Ich lerne Deutsch, weil ...
- Und du?

2) Präsentation eigene Erfahrung:

- Ich war mit ... in ...
- Das war sehr schön/nicht schön. Es war eine tolle/eine fürchterliche Erfahrung.
- Was mir gefallen/nicht gefallen hat, war(en) ...
- Da konnte man/musste man/durfte man ...
- Ich würde es jederzeit nochmal/nie wieder machen.

3) Deinem Prüfungspartner Fragen stellen:

- Warum hast du ... ?
- Wie lange bist du ... gewesen?
- Wo war(en) ... ?
- Welche Dinge waren ... ?
- Was hat dir (nicht) gefallen?
- Würdest du das anderen empfehlen?

4) Über einen Text und dessen Thema sprechen:

- In dem Text geht es um ...
- Im Text steht, dass ...
- Es wird darüber diskutiert, ob ...
- Ich denke/finde/glaube, dass ...
- Meiner Meinung nach ...
- Es stellt sich die Frage, ob ...
- Damit bin ich (nicht) einverstanden.

5) Etwas gemeinsam planen:

- Wir könnten vielleicht ...
- Das ist eine/keine gute Idee, denn ...
- Meinst du, dass ... ?
- Wir sollten zuerst ... und dann können wir ...
- Ich kümmere mich also um ...
- Wärst du so nett und würdest ... ?
- Ja, genauso machen wir es.

10.1.2 Wie baue ich einen Satz korrekt auf?

Auch wenn die Prüfer beim mündlichen Teil der Prüfung vor allem Wert darauf legen, dass du dich klar und deutlich verständlich machen und interagieren kannst, solltest du dennoch ein paar wesentliche Elemente des deutschen Satzbaus meistern.

1) Der Fragesatz

Im Fragesatz folgt die Wortstellung zwei einfachen Regeln:

Entweder beginnt deine Frage mit einem Frage- oder sogenannten W-Wort (Wie, Wann, Wo, Wer, Was ...), und das konjugierte Verb folgt gleich darauf ("offene" Frage) oder deine Frage beginnt direkt mit dem konjugierten Verb ("geschlossene" Frage).

- Was hat dir im Urlaub besonders gut gefallen?
- Seid ihr auch mal ans Meer gefahren?

2) Der einfache Aussagesatz

Im einfachen Aussagesatz steht das konjugierte Verb immer an zweiter Stelle. Die erste Stelle kann von verschiedenen Funktionen besetzt sein (Subjekt, adverbiale Bestimmung der Zeit, des Ortes ...).

- Wir haben dort mittags im Restaurant gegessen.
- Mittags haben wir dort im Restaurant gegessen.
- Dort haben wir mittags im Restaurant gegessen.

3) Komplexe Satzgefüge

Denke daran, dass das konjugierte Verb in Nebensätzen am Satzende steht. Achtung, in Satzgefügen, die mit einem Nebensatz beginnen, folgt das konjugierte Verb des Hauptsatzes direkt nach dem "Komma".

- Ich war sehr glücklich, weil wir jeden Tag so schönes Wetter hatten.
- Weil wir jeden Tag so schönes Wetter hatten, war ich sehr glücklich.